Forged Money – Falschgeld

von Werner Färber

Langenscheidt

Berlin · München · Wien · Zürich
London · Madrid · New York · Warschau

Lektorat: Maren Giering-Desler
Englischsprachiges Lektorat: Charlotte Collins
Illustrationen: Anette Kannenberg
Umschlaggestaltung: init.büro für gestaltung, Bielefeld

www.krimis-fuer-kids.de
www.langenscheidt.de

Umwelthinweis: gedruckt auf chlorfrei gebleichtem Papier

Satz: Franzis print & media GmbH, München
Druck: Mercedes-Druck, Berlin
Printed in Germany

ISBN 978-3-468-20808-9

10010

Inhalt

Redaktionskonferenz 5
Ein Anfang 14
Gelbe Seiten 29
Kriminelle Machenschaften 42
Schlag auf Schlag 47
Ohne Quittung? Nichts zu machen! 59
In die Enge getrieben 68
Neue Pläne 85
Da sind es nur noch zwei 91
Unternehmen Spielgeld 97
Überraschung 107
Belohnungen 115

Redaktionskonferenz

Timothy hastet durchs Schulgebäude. Treppe rauf, Treppe runter, kreuz und quer durch alle Gänge. Er geht erst seit drei Tagen zur ***Secondary School*** und kennt sich noch nicht so richtig gut aus. Endlich entdeckt er im Kellergeschoss den Raum, in dem die erste Redaktionskonferenz für die Schulzeitung stattfinden soll.

Timothy ist fast zwanzig Minuten zu spät. Er zögert. Er kommt äußerst ungern zu spät. Wenn man als Nachzügler die Tür aufmacht, zieht man immer alle Blicke auf sich. Timothy lauscht an der Tür. Nichts. Er klopft. Keine Antwort. Vorsichtig dreht er am Türknauf und betritt den Raum.

Keiner da. Seltsam. Ist er schon wieder falsch? Er zieht das Kursprogramm für das neue Schuljahr aus der Tasche. First **meeting for** new school magazine: Room 007.

Timothy kehrt zurück in den Flur und schaut auf das Schild neben der Tür. Alles richtig. Wieso ist keiner hier? Wo ist Mr Stevens, der die Schulzeitungskinder betreuen soll? Wo stecken Helen, Ricky,

---

secondary school weiterführenden Schule
meeting Treffen
for für

Upton und Tamara, seine Freunde aus der ***Primary School***?
Die vier waren von dem Aufruf zur Mitarbeit an der Schulzeitung doch genauso begeistert wie er. Gemeinsam haben sie schon am Zeitungsprojekt der *Primary School* teilgenommen. Als sie Mr Stevens Aushang für die Schulzeitung am Schwarzen Brett entdeckten, trugen sie sich als Erste in die Liste ein. Und als Letzte.
Damit scheinen Timothy und seine vier Freunde wie schon in der *Primary School* den harten Kern der Zeitungsredaktion zu bilden.
Vor zwei Jahren, als seine Familie wegen Mamas neuer Stelle von Münster nach York umgezogen ist, hätte Timothy nie im Leben daran gedacht, sich an einer englischsprachigen Schulzeitung zu beteiligen. Englisch reden? Kein Problem. Aber beim Schreiben haperte es anfangs doch sehr.
Dann lernte er noch während der Sommerferien Tamara kennen. Sie wohnt mit ihrer Familie im anderen Teil der Doppelhaushälfte, die seine Eltern gekauft haben. Der Zufall wollte es, dass Tamara in genau die 5. Klasse ging, in die Timothy zum Schuljahresanfang gesteckt wurde. Weil sie sich unbedingt am Schulzeitungsprojekt der *Primary School* beteiligen wollte, klinkte sich Timothy einfach mit ein. Schließlich fand er Tamara auf Anhieb nett.

---

primary school Grundschule

Anfangs war die Schreiberei in der fremden Sprache richtig anstrengend. Timothys Vater kommt zwar ursprünglich aus England und hat von klein auf Englisch mit ihm gesprochen, aber *geschrieben* hat Timothy vor dem Umzug kaum. Inzwischen ist er auch im Schriftlichen ziemlich fit.

Nun kehrt Timothy in den kargen Kellerraum zurück und sieht auf dem Tisch eine Nachricht:

The school magazine project ***has been cancelled. There are only*** *five pupils on the* ***list****, and* ***not one came*** *to the meeting. I waited* ***until*** *2.15 pm. You****'ll have to join another*** *workshop,* ***I'm afraid****.*
C. Stevens

Timothy kann nachvollziehen, dass der Lehrer keine Lust mehr hatte, noch länger zu warten. Fünf Leute, alle zu spät, und dann auch noch dieser abgelegene

---

has been cancelled wurde gestrichen
there are es gibt
only nur
list Liste
not kein
one einziger
came ist gekommen
until bis
will have to join werdet euch anschließen müssen
another einem anderen
I'm afraid fürchte ich

Kellerraum. Durch das Fenstergitter sieht er die Beine vorbeieilender Schüler. Waren das Upton, Helen, Ricky und Tamara? Aufgrund der Schuluniformen, die alle tragen, ist Timothy nicht sicher.
Er setzt sich an den Tisch und wartet. Bestimmt kommen die vier noch. Ob sich Mr Stevens versöhnlich zeigt, wenn sie ihm ein paar gute Ideen vorlegen? Timothy holt seine halbfertige Rätselseite aus der Tasche. Es klopft an der Tür.
"Yes!", ruft Timothy, ohne sich umzudrehen. "**Do you know what time** it is?", fragt er, damit die anderen glauben, er selbst wäre pünktlich gewesen.
"Erm, yes – 2.30", antwortet eine Unbekannte. "Is this the room where the **chess club is meeting**?"
Timothy blickt über die Schulter und sieht eine ältere Schülerin.
"No, this is the room for the school magazine. Why **don't you ask** the **secretary**? She'll know."

---

do you know wisst ihr
what time wie viel Uhr
chess club Schachclub
is meeting sich trifft
don't you ask fragst du nicht
secretary Sekretärin

"Hmm. She's **the one** who **told me** it **was here**", antwortet die andere. "**Thanks anyway**."
"**You're welcome**", sagt Timothy.
Kaum ist sie draußen, kommen Helen, Ricky, Upton und Tamara.
"Where**'ve** you **been**?", fragt Timothy.
"Sorry, man", antwortet Ricky. "We **couldn't find** the room."
"We've been everywhere", sagt Tamara genervt.
"Miss Marple **sent** us to Room 207 on the **second floor**", beschwert sich Upton.
"Miss who?", fragt Timothy.
"Miss Marple, our school secretary", antwortet Upton. "You know **her**."

---

the one diejenige
told gesagt hat
me mir
was sei
here hier
Thanks. Danke.
anyway trotzdem
You're welcome. Gern geschehen.
have been seid gewesen
couldn't konnten nicht
find finden
sent hat geschickt
second zweiten
floor Stock
her sie

Timothy lacht. "I know who she is, but I **didn't know that** was her **nickname**. Miss Marple – that's **funny**!" Als Krimi-Fan kennt er natürlich Agatha Christies Heldin Miss Marple.
"But it's her **real** name", widerspricht Helen.
"**Really**?" Timothy kann es kaum glauben.
Tamara nickt. "Really! And the geography teacher is called Dr Watson."
Auch Upton schüttelt den Kopf. "I didn't know I was going to **detective school**."
"Detective? You?", spottet Timothy. "You ca**n't even** find the right room!"
"**If** this is a detective school it's **exactly** the right **place** for me", meint Ricky. Vor den Sommerferien hat er zufällig herausgefunden, wo ein Lehrer seine Tasche verloren hatte. Seitdem hält er sich für Sherlock Holmes.

---

didn't know wusste nicht
that das
nickname Spitzname
funny lustig
real richtiger
really wirklich
detective school Detektivschule
not even nicht mal
if wenn
exactly genau
place Ort

"**Anyway** – Miss Marple sent us up to the second floor. The chess people **were** in Room 207."
"I know **someone** who's looking for **them**", brummt Timothy.
"The people from the chess club sent us to Room 307, where we **found** the guitar club", sagt Tamara.
Ricky lässt sich auf einen Stuhl sinken. "And they **finally** sent us to the **basement**. So here we are."
Auch Tamara nimmt Platz und legt Block und Bleistift zurecht. Fein säuberlich parallel nebeneinander.
"Can we **start now**?"
"Where's Mr Stevens?", fragt Helen. "**Should**n't **we** wait for the teacher?"
"You'll be waiting a long time." Timothy schiebt ihnen den Zettel hin. "He **left** us a **note**. **That's it**, I **guess**."

---

anyway jedenfalls
were waren
someone jemanden
them sie
found gefunden haben
finally endlich
basement Keller
start anfangen
now jetzt
should we sollten wir
left hat dagelassen
note Zettel
That's it. Das war's.
guess vermute

"But he can't cancel the magazine **before** we've even started", beschwert sich Helen.
"I guess he can", stellt Tamara fest.
"You were **late**, too, **then**", kombiniert Ricky, nachdem er die Uhrzeit auf Mr Stevens Zettel entdeckt hat.

---

before bevor
late spät dran
then also

Timothy übergeht den Vorwurf. "Listen. Do we really need a teacher? We can start a school magazine **on our own**, can't we?"
"Right! Who needs a teacher?", fragt Upton.
"We can't write and **publish** a **whole** magazine **without** a teacher's **help**", meint Helen. "I don't want to **put a lot of work into** it and write **articles** for nothing."
"**Well**, I think we should **at least try**. Any **brilliant** ideas for our first **issue**?", sagt Tamara.
Timothy schiebt seine Rätselseite in die Tischmitte. "We can **work on this**."

---

on our own allein
publish herausgeben
whole ganzes
without ohne
help Hilfe
a lot of viel
work Arbeit
put into hineinstecken
articles Artikel
well nun
at least wenigstens
try versuchen
brilliant großartigen
issue Ausgabe
work arbeiten
on this daran

Ein Anfang

"Hey, that looks good. Let's **make up some crosswords**", sagt Tamara.
"It's a **start**, at least", meint Upton.
Sie stecken die Köpfe zusammen, um Timothys Fragen zu lesen:

1. The year has four of **them**.
2. ??? _ _ _ _ _ _ _ _ _ _ _ _ _
3. It's usually brown and sweet and **most** children like it.
4. You **press** it to start a **machine** or use it to **do up** your shirt.
5. ??? _ _ _ _ _ _ _ _ _ _ _ _ _
6. You **call** them **when** someone**'s committed** a **crime**.

---

make up uns ausdenken
some ein paar
crosswords Kreuzworträtsel
start Anfang
them ihnen
most die meisten
press drückst
machine Maschine
do up zumachen
call rufst an
when wenn
has committed hat begangen
crime Verbrechen

1		S	E	A	S	O	N					
2					C							
3				C	H	O	C	O	L	A	T	E
4	B	U	T	T	O	N						
5					O							
6			P	O	L	I	C	E				
7		B	I	C	Y	C	L	E				
8		A	Q	U	A	R	I	U	M			
9				F	R	O	G					
10		S	P	I	D	E	R					
11		H	O	L	M	E	S					
12				W	A	T	E	R				
13		D	R	A	G	O	N					
14					A							
15					Z	E	B	R	A			
16		M	O	B	I	L	E					
17			D	E	N	T	I	S	T			
18				H	E	A	V	Y				

7. It has two **wheels** and you can ride it.
8. A place to keep **tropical** fish.
9. It can swim in number 12 and catches **flies** with its **tongue**.
10. **Eight-legged creature**. Girls **panic** when they see one.
11. **Second name** of Sherlock.
12. You'll need a lot of this for number 8.
13. **Spits** fire and can fly.
14. ??? _ _ _ _ _ _ _ _ _ _ _ _ _
15. Stripy wild horse.
16. Telephone you **carry around**.
17. He **fixes** your teeth.
18. If things **weigh** a lot, they are _ _ _ _ _.

---

wheels Räder
tropical tropische
flies Fliegen
tongue Zunge
eight-legged achtbeiniges
creature Geschöpf
panic geraten in Panik
second name Familienname
spits spuckt
carry around herumträgt
fixes richtet
weigh wiegen

"Why is the **result SCHOOLYARD** MAGAZINE?", fragt Upton nach einiger Zeit. "I **thought** we**'d just call** it School Magazine?"
"It's four **more** letters, so there are four more clues", antwortet Timothy. "And the magazine will be **sold** in the schoolyard, I guess."
"**Good point**", antwortet Helen. "I think this is going to be good."
Tamara nickt. "I like it."
"**May I suggest** something for clue number 2?", fragt Ricky.
"**Go ahead**", sagt Timothy.
"Number 6 is the **police**, and number 11 is Sherlock Holmes. **How about** 'detective' for number 2?"
"That's great!" Timothy trägt neben 2. DETECTIVE in die Karofelder ein. "Hmm. What clue can we give for 'detective'?"

---

result Ergebnis
schoolyard Schulhof
thought dachte
just einfach
would call … würden … nennen
more mehr
sold verkauft
Good point. Da ist was dran.
may I darf ich
suggest vorschlagen
Go ahead. Nur zu.
police Polizei
how about wie wäre es mit

((+ 1 Zeile))

"Person who **tracks down thieves**?", schlägt Ricky vor.
Timothy notiert die Frage. "**Well done!**"
"Why don't we use crime **as** a **theme** for the whole crossword?", schlägt Tamara vor. "**Then** we **could ask for** Miss Marple and Dr Watson, too!"
"Great!", stimmt Upton zu. "Let's **change** number 12 to: Second name of Agatha Christie's most famous **female detective**. I think 'Marple' **fits much** better **than** 'water'."
"**You're right.**" Timothy korrigiert die 12. Frage.
"How about '**handcuffs**' for number 14?", sagt Helen.
Timothy schreibt HANDCUFFS ein. "How do we ask for handcuffs?"

---

tracks down aufspürt
thieves Diebe
Well done! Gut gemacht!
as als
theme Thema
then dann
could könnten
ask for ... nach ... fragen
change ändern
female detective Detektivin
fits passt
much viel
than als
You're right. Du hast recht.
handcuffs Handschellen

"**Policemen** use them when they **arrest** people?", schlägt Helen vor.

"**Done.**"

Tamara fängt an zu lachen und kriegt sich kaum wieder ein. Als sie sich endlich beruhigt hat, zeigt sie auf die neunte Frage mit dem Lösungswort FROG. "A frog swimming in Miss Marple? We need a new question."

Es dauert einige Zeit, bis alle verstehen, was Tamara daran so lustig findet. Erst als sie die Frage für das Lösungswort FROG laut liest, kapieren die anderen den Witz: "It can swim in number 12 and catches flies with its tongue."

Als das Lösungswort WATER lautete, machte die Aussage "It can swim in number 12" noch Sinn. Inzwischen ist die Lösung für Nummer 12 jedoch MARPLE ...

"Oops." Timothy formuliert die Frosch-Frage um: "It can jump and swim and catches flies with its tongue."

"**By the way**", sagt Ricky. "That **reminds** me: we wanted to write something about all the bicycle

---

policemen Polizisten
arrest verhaften
Done. Abgemacht.
by the way übrigens
reminds erinnert daran

thieves in York. As you know, I'm a **pretty** good detective."

"You don't need **to boast about it**", sagt Helen.

"As a journalist you don't have to **solve** the **case**. You**'re just supposed to** write about it", sagt Timothy. "**On the other hand**, you **might** get a **reward** if you **catch** the thieves."

"You'll get a reward from me", sagt Upton. "My bike **was stolen**, too."

Allein während der Sommerferien wurden in York einige Dutzend Fahrräder geklaut. Eines davon war Uptons Mountainbike.

"I don't understand why the police can't catch them", sagt Timothy. "This **city** is full of **cameras**! **They must have been caught** on film."

---

pretty ziemlich
to boast about it damit anzugeben
solve lösen
case Fall
just nur
are supposed to sollst
on the other hand andererseits
might könntest
reward Belohnung
catch erwischst
was wurde
stolen gestohlen
city Stadt
cameras Kameras
They must have been caught. Man muss sie erfasst haben.

Die Kameras an zahlreichen Straßenkreuzungen sind Timothy bei seiner Ankunft in England sofort aufgefallen.

"I think all **those** cameras are **useless**", sagt Ricky.

"Useless? Why? They**'re planning** to **install** cameras in our schoolyard, you know", sagt Helen.

"What? They want to **spy on** us in our schoolyard?", fragt Timothy. "Why?"

"I don't know." Helen zuckt mit den Schultern. "I think they're installing them just **in case** something **happens**."

"But I don't like being watched all the time", sagt Timothy.

"Do**n't** do **anything** wrong and you'll have nothing **to worry about**", scherzt Ricky, der wie so oft nebenher auf einem Blatt Papier herumzeichnet. Meist kann man die Person, die er karikiert, auch erkennen. Im Moment hat er Timothy in Arbeit.

---

those diese
useless nutzlos
are planning haben vor
install installieren
spy on ausspionieren
in case für den Fall, dass
happens passiert
not anything nichts
to worry about worüber du dir Sorgen machen musst

Der kann Rickys unkritische Haltung zur Kameraüberwachung nicht nachvollziehen. "**You don't mind** the cameras?"
"Why should I?", fragt Ricky.
"What if you **get in a fight** and the camera is on you?", bohrt Timothy weiter.
Ricky setzt anstelle von Worten auch gerne mal seine Fäuste als Argumente ein. Trotzdem reagiert er jetzt gelassen. "I **hope** I'll win the fight. I don't want to

---

you don't mind …? … machen dir nichts aus?
get in a fight in eine Prügelei gerätst
hope hoffe

lose on camera. If I do something wrong, it's okay if they **punish** me. Anyway – you just have to be clever and the cameras won't see you."
"Ricky the ghost", spottet Helen. "**Spooky**."
"Okay, let's **make a bet**." Ricky hält Helen die Hand hin. "What will you give me if the cameras don't catch me doing something wrong?"
Die Hand ignorierend fragt Helen: "What are you planning to do? Get in a fight in front of a camera? Steal someone's bike from the **market place**, **right** under the noses of the police?"
Ricky lässt die Hand sinken. "Why **not**?"
Upton klopft Ricky auf die Schulter. "I always **knew** you were **crazy**."
"I **still** don't like the cameras", bleibt Timothy bei seiner Haltung.
Upton kehrt zurück zum Thema Schulzeitung. "I think a story about the stolen bikes is a good idea.

---

punish bestrafen
spooky unheimlich
make a bet wetten
market place Marktplatz
right direkt
not nicht
knew wusste
crazy verrückt
still immer noch

Why don't we **interview** your uncle, Tamara? He was **a policeman**, wasn't he?"
"He isn't **actually** my uncle, he's my **great-uncle**. And he wasn't a real policeman. He just worked for the police."
"What's the **difference**?", sagt Timothy. "He was working for the police, but he wasn't a policeman?"
"Well, he didn't wear a uniform", antwortet Tamara. Sie versucht die Arbeit ihres Onkels zu beschreiben. Er war anscheinend vor allem mit der Archivierung von Akten und Beweismitteln beschäftigt. "And he did**n't** carry a **weapon either**."
"How boring", sagt Ricky.
"If he was working for the police, I'd call him a policeman", beharrt Helen.
"Working for the police but not being a policeman doesn't **sound** very **exciting** to me", meint Ricky.
"My uncle loved his job", widerspricht Tamara. "He

---

interview interviewen
policeman Polizist
actually eigentlich
great-uncle Großonkel
difference Unterschied
weapon Waffe
not either auch nicht
sound klingt
exciting aufregend

was **often** the one who found the clue that solved a case. Oh, and **speaking of** clues", kehrt sie zu Timothys Rätsel zurück: "you have to change the question for number 10. You can't say that."
"Why? What's wrong with it?", fragt Timothy.
"Girls aren't **the only ones** who panic when they see a spider", protestiert sie.
"Okay, okay", lenkt er ein. "How about: **Some** people panic when …"
"That's much better!" Tamara wirft ihm einen strahlenden Blick zu.
"It must be **love**", meint Ricky flüsternd zu Upton und malt ein Herzchen über Timothys Porträt.
"Oh, **shut up!**", fährt Tamara ihn an. "Any **other** ideas how we can **please** Mr Stevens?"
"We can try to find a **printer's**", sagt Helen. "It's **a pity that** the one we used in primary school has closed."

---

often oft
speaking of … wo wir gerade von … reden
the only ones die Einzigen
some manche
love Liebe
Shut up! Halt die Klappe!
other anderen
please erfreuen
printer's Druckerei
a pity schade
that dass

"The two of us can **ask around**", bietet Ricky an.
"Great! How about tomorrow afternoon?", fragt Helen ihn.
"It must be love", wendet sich Upton nun an Timothy.
Helen übergeht seinen Kommentar. "We can go to **a couple of** printers and ask how much they**'d charge** to **print** our School Magazine."
"How about **adverts**?", fragt Ricky.
"We did**n't** have **any** adverts in our primary school magazine", sagt Timothy.
"Well, why don't we try it now? It'll make the magazine cheaper", sagt Ricky.
"Who **would advertise** in a school magazine?", fragt Upton.
"Lots of people", antwortet Ricky voller Zuversicht. "The shop where we buy all the things we need for school, **for example**. I'd really like to draw cartoons for the adverts."

---

ask around uns umhören
a couple of ein paar
would charge verlangen würden
print drucken
adverts Werbung
not any keine
would advertise würde werben
for example zum Beispiel

Helen greift den Faden auf. "How about the shops where we get our school uniforms?"
Tamara nickt. "Banks, bakeries, the **butcher's**."
"Book shops, boxers, bus drivers, bicycle thieves", ergänzt Timothy grinsend.
Upton schaut ihn an, als zweifle er an seinem Verstand. "Boxers? Bus drivers? Why would bicycle thieves want to advertise in a school magazine?"
"I**'m** just **joking**. They all start with the letter B."
Bevor jemand Upton erklären kann, weshalb Boxer und Busfahrer in der Schulzeitung inserieren sollten, hören sie, wie ein Schlüssel ins Schloss gesteckt und abschlossen wird. Alle fünf springen auf. "Stop! Don't **lock** the door! There are people in here!"
"**Stop shouting!** Be quiet!", ruft Timothy, als er durch das Milchglasfenster im oberen Viertel der Tür einen Schatten erkennt.
Erneute Schließgeräusche. Der Türknauf dreht sich. Mr Stevens reckt den Kopf ins Zimmer. "Oh! Sorry. I **should have checked** before I locked the door. What are you doing here? Where were you all at two o'clock?"

---

butcher's Metzgerei
am joking mache Witze
lock abschließen
Stop shouting! Hört auf zu schreien!
should have checked hätte kontrollieren sollen

Die Kinder erklären ihm, dass im Sekretariat ein ziemliches Durcheinander bezüglich der Räume herrscht. Sie bitten ihren Lehrer, sich zu setzen und sich ihre Ideen und Pläne anzuhören.
"Well, that all sounds pretty good", zeigt sich Mr Stevens am Ende zufrieden. "**I look forward to** working with you. But please don't do anything **stupid**."
"What do you **mean**?", fragt Timothy.
"It's a good idea to write about crime and the bike thieves, but you don't have to arrest them. If you **find** anything **out**, don't play detectives, just call the police." Er zückt eine Visitenkarte. "This is my **phone number**. If you need any help with the adverts, you can **tell** people to call me. Or maybe a printer's will have some questions. **Welcome** to our new school magazine! Have a nice weekend, and I'll see you all next Friday."
Damit sind die fünf offiziell Redakteurinnen und Redakteure des *Schoolyard Magazine*.

I look forward to ich freue mich darauf
stupid Dummes
mean meinen
find out herausfindet
phone number Telefonnummer
tell sagen
welcome willkommen

Gelbe Seiten

Am Sonnabend wälzen Timothy und Tamara die *yellow pages*, um sich einen Überblick zu verschaffen, welche Betriebe oder Läden als Werbepartner überhaupt in Frage kommen.
Im Grunde könnten alle, die etwas verkaufen möchte, eine Anzeige haben wollen. Aber schon unter A stellt sich die Frage, weshalb etwa ein Autoelektriker in einer Zeitung inserieren sollte, die von Kindern gemacht und gelesen wird? Weil Menschen in diesem Alter besonders oft Probleme mit automatischen Fensterhebern haben?
Und wieso sollte eine Bank in der Schulzeitung inserieren? Weil Schülerinnen und Schüler der siebten Klasse vor lauter Geld nicht geradeaus laufen können? Die eine oder andere Branche, bei der es sich lohnen könnte nachzufragen, bleibt aber trotzdem übrig.
Zunächst wollen sie die Läden abklappern, in denen ihre Schuluniformen verkauft werden. Danach Buch- und Schreibwarenhändler, Sportgeschäfte, Fahrradhändler und eventuell ein paar Lebensmittelläden. Die Liste ist bereits ganz ansehnlich, als Timothys Telefon klingelt. Im Display steht Uptons Name.
"Upton, **what's up?**", meldet sich Timothy wie üblich, wenn Upton dran ist.

What's up? Was gibt's?

"**I've found** it", raunt Upton kaum hörbar. Durch den Verkehrslärm im Hintergrund ist er nur ganz schlecht zu verstehen.
"What? **Speak up**, Upton."
"I've found it", wiederholt Upton einen Hauch lauter.
Tamara schaut Timothy fragend an. "What's wrong?"
Timothy stellt den Lautsprecher an, damit sie das Gespräch mithören kann.
"You've found what?", fragt er.
"I've found my bike", antwortet Upton.
"Hey, that's brilliant!", ruft Tamara ins Telefon.
"It's not brilliant", knurrt Upton. "I've found my bike, but it's locked to a fence."
"Why **don't you unlock** it?", fragt Timothy.
"I **have**n't **got** a key."
"**Have** you **lost** it?", fragt Timothy.
"Of course not! But it's not my **lock**, idiot!"
Tamara kapiert den Zusammenhang noch immer nicht. "It's your bike but not your lock?"

---

have found habe gefunden
Speak up. Sprich lauter.
don't you unlock schließt du nicht ab
have got habe
have lost hast verloren
lock Schloss

"It's not **that** difficult to understand, **is it?**", presst Upton genervt hervor. "Someone **has stolen** my bike and **bought** a new lock. And now my bike is locked to a fence. I'm waiting here for the **thief** to come and **get** it. Can you come and help me?"

"**Sure**." Timothy blickt fragend zu Tamara.

Sie nickt. "Where are you?", fragt sie.

"In front of a **health centre**", antwortet Upton. "Erm – wait a minute. It's on Bridge Street."

"Do you know where that is?", wendet sich Timothy an Tamara.

"Yes, my mum **used to go** to a **gym there**. If we **cycle** we can be there in ten minutes."

"Don't do anything stupid", mahnt Timothy seinen Freund, weil er sich an die Worte ihres Lehrers erinnert. "We'll be there **as soon as** we can."

---

that so
..., is it? ..., oder?
has stolen hat gestohlen
bought hat gekauft
thief Dieb
get holen
sure sicher
health centre Gesundheitszentrum
used to go ging früher mal
gym Fitnessstudio
there da
cycle Rad fahren
as soon as so bald

Sie lassen alles stehen und liegen und preschen auf ihren Fahrrädern in wilder Jagd durch den Nachmittagsverkehr Richtung Innenstadt. Obwohl er halb verborgen hinter einem Bushäuschen steht, sehen sie Upton schon von Weitem.

"**What took you so long?**", fragt er ungeduldig.

"Red **traffic lights**", antwortet Tamara. Auch in York sind die Ampelphasen fast ausschließlich auf den Autoverkehr ausgerichtet. Als Fahrradfahrer hat man keine Chance auf eine grüne Welle.

Upton zeigt zur gegenüberliegenden Straßenseite. Dort ist vor einem Gesundheitszentrum ein Fahrrad an den Zaun geschlossen. "It's still there."

Für Timothy sieht es aus wie tausend andere. "Are you **absolutely** sure it's yours?"

"Of course I'm sure. Can't you see the Leeds United **sticker** on the **saddle**?", flüstert Upton, als könnte man ihn trotz des Verkehrslärms auf der anderen Straßenseite hören. "It's **definitely** mine."

Als Fan von Leeds United klebt Upton auf fast alles, was ihm gehört, blaue Clubsticker.

What took you so long? Warum habt ihr so lange gebraucht?
traffic lights Ampeln
absolutely absolut
sticker Aufkleber
saddle Sattel
definitely definitiv

"How did you find it?", fragt Tamara.
"I **was** just **walking past** and there it was."
"How long have you been waiting here?", fragt Tamara weiter.
Upton blickt auf die Uhr. "Twenty minutes."
"Have you called the police?", fragt Timothy.
"No."
"Why not?", fragt Tamara.
"Why should I call the police? It's my bike. As soon as I can unlock it, I want it **back**."
"And how are you going to unlock it?", fragt Timothy. "Shall we just ask people who's got the key for your bike?"
"**No one**'s going to **admit** that they've locked Upton's bike to the fence", sagt Tamara.
Timothy verdreht die Augen. "It was a joke."
"Maybe you're **both** right", sagt Upton. "If we start asking who locked my bike to the fence, the thief **will leave** it there **so** he can **get away** without being caught. Then I can cut the lock."

---

was walking past bin vorbeigegangen
back zurück
no one keiner
admit zugeben
both beide
will leave wird lassen
so sodass
get away davonkommen

“Okay”, sagt Timothy. “Let’s go.”
Im selben Moment zeigt Upton zur anderen Straßenseite.
“That must be **him**”, sagt er.
Ein etwa vierzehnjähriger Junge verlässt das Haus. Neben dem Fahrrad bleibt er stehen und klopft die Taschen nach seinem Schlüssel ab.
Upton will sofort hinüber und versucht über die Straße zu kommen, doch der Verkehr ist viel zu dicht.
“Hey! You!”, ruft er.
Der Junge reagiert nicht. Der Straßenlärm scheint alles zu verschlucken.
“Hey! You!”, ruft Upton erneut.

Der Junge beugt sich über das Fahrrad und öffnet das Schloss.
Timothy zückt sein Telefon.
Tamara glaubt, er würde die Polizei rufen. “He’ll be **gone** before they **answer**!”
Während Upton wild mit den Armen fuchtelt, um den Leuten in ihren Blechkisten zu signalisieren, dass sie anhalten sollen, damit er auf die andere Seite kann, wählt Timothy jedoch nicht die Nummer der Polizei, sondern schießt einfach eine Serie von Bildern.

---

him er
gone weg
answer *hier:* ans Telefon gehen

Als Upton in seiner Hilflosigkeit schließlich einen Schritt auf die Fahrbahn macht, löst er ein Hupkonzert aus. Tamara reißt ihn am Arm auf den Gehweg zurück.
Wegen des plötzlichen Lärms blickt der Junge in ihre Richtung.
"Hey! You!", brüllt Upton noch einmal. "That's *my* bike!"
"Let him go, Upton!" Timothy hält ihm seine Handy-Kamera vor die Nase. "**I've got** him!"
Der Jugendliche scheint nicht im Entferntesten zu kapieren, was die drei wollen. Mit ratloser Geste hebt er die Arme.
"Wait!" Upton zeigt auf sein Fahrrad. "That's my bike! You've stolen it!"
Kopfschüttelnd deutet der Junge auf seine Ohren, steigt auf und radelt Richtung Innenstadt davon. Upton versucht auf ihrer Straßenseite mit ihm Schritt zu halten.
"We have to **follow** him", sagt Tamara.
"Wait a minute." Timothy schaut sich die Fotos an, klappt sein Telefon zu und lässt es in Tasche gleiten. "**No need to hurry.** I think we've got him."

---

have got habe erwischt
follow folgen
No need to hurry. Kein Grund zur Eile.

Sie schnappen sich die Räder und holen Upton an der nächsten Ampel ein.
"I was so **close**!", schimpft er frustriert. Er musste zuschauen, wie der Flüchtende gerade noch bei Gelb die Straße überquert hat und ein Stück weiter vorn um die Ecke gebogen ist. "I thought I'd get it back!"
"You should have called the police instead of just waiting and watching", sagt Tamara.
"Do you really think they **would have come because of** a bike?", erwidert Upton sauer. "They wouldn't have helped me."
"Let's go to the **police station** now", schlägt Timothy vor. "We can **show** them the photos and they'll catch him. Don't worry, Upton, you'll get your bike back."
Missmutig kickt Upton eine Dose vom Gehweg und trifft fast ein Auto. Der Fahrer drückt auf die Hupe und hebt drohend eine Faust.
"What?", brüllt Upton hinterher und reißt die Arme hoch.
"What were you doing in this **part of town**?", fragt Tamara, um Upton von seiner Wut abzulenken.

---

close nah dran
would have come gekommen wären
because of wegen
police station Polizeistation
show zeigen
part of town Viertel

"I was trying to sell adverts for our magazine."
"Funny! We were **just** looking through the yellow pages", sagt Timothy. "Which shops did you want to try?"
Upton ringt sich ein Grinsen ab. "Mum suggested trying **hairdressers**."
"Hairdressers?", fragt Timothy. "Why would they want to advertise in a school magazine?"
"Because everyone **will be getting their hair done** for the school party in September", antwortet Tamara.
Upton nickt. "That's exactly what my mum **said**."
"What a brilliant idea!", sagt Tamara. "But the hairdressers will have to wait. Let's go to the police station where my uncle used to work."
"You mean your uncle who worked for the police but wasn't a policeman?", fragt Timothy schmunzelnd.
"Right. I guess the police will know what to do with the photos you **took** of **that guy**."

---

just gerade
hairdressers Frisöre
will be getting their hair done werden sich die Haare frisieren lassen
said gesagt hat
took gemacht hast
that diesem
guy Typen

Auf der Polizeistation hinterm Bahnhof wissen die drei nicht so recht, womit sie beginnen sollen. Tamara erzählt dem jungen Beamten am Empfangstresen zunächst, dass ihr Onkel, Mr William Newman, früher hier gearbeitet hat.
"I don't know a Mr Newman", sagt der Polizist. "Is there **anything else**?"

Timothy klappt sein Handy auf, lädt eines der Fotos ins Display und hält es dem Beamten hin. "We're looking for this boy."
"Do you want to tell me why?"
"He took Upton's bike", sagt Tamara.
Der Polizist zeigt aufs Display. "And why would he do that?"

---

anything else sonst noch etwas

"Why do you think?" Upton tippt sich an die Stirn. "He **stole** it, of course."
Der Polizist richtet sich auf und verschränkt die Arme vor der Brust. Uptons Ton scheint ihm nicht zu gefallen.
"**Watch it**, **young** man", ermahnt er ihn. Nachdem er lange genug finster geguckt hat, nimmt er Timothys Handy und klickt von Bild zu Bild.
"This bike was stolen, you say?" Er zeigt auf das Bild, auf dem der Junge gerade das Fahrradschloss aufschließt. "So why does he have a key for the lock?" Er verschränkt die Arme. "Is this a joke?"
"Upton's bike was stolen a couple of weeks **ago**. And today he **saw** it. Just **by chance**", versucht Tamara die Sache zu erklären.
Timothy zeigt auf sein Handy. "You must help us find the thief."
Der Beamte verdreht die Augen. "Must I?"
"Don't you have lots of photos in your computer?", fragt Timothy. "Maybe he's stolen something **before**."

---

stole hat gestohlen
Watch it. Pass auf.
young junger
… ago vor …
saw hat gesehen
by chance zufällig
before vorher

Tatsächlich wirft der Beamte einen weiteren Blick auf das Bild im Display. "Oh! Yes. Of course! Now I **recognize** him."
"Really? Who is he? Where can we find him?", fragen die drei voller Hoffnung.
Der Polizist klappt das Handy zu, schiebt es Timothy hin und beugt sich zu den Kindern. "You must be very **careful**. He's very dangerous. I think he works for the mafia. So you'd better not make him angry!"
Er verzieht genervt das Gesicht. "I've got work to do, **kids**. I don't have time for **practical jokes**."
"But it's not a joke!", protestiert Tamara.
Timothy legt ihr die Hand auf den Arm und steckt sein Handy ein. "Let's go. He's not going to help us."
"See?", sagt Upton draußen. "That's exactly what I mean. They won't believe anything you tell them. When my bike was stolen they asked me at least five **times** if I'd locked it **properly**. **As if** it was my **fault** that someone stole it. And now they don't believe that

recognize erkenne
careful vorsichtig
kids Kinder
practical jokes Streiche
times Mal
properly richtig
as if als ob
fault Schuld

I've found it. I'm **never** going to the police for help again."
"I'll tell my uncle", sagt Tamara.
"What for?", fragt Timothy. "You think he can help us? He does**n't** work for them **any more**."
"Maybe he knows this policeman's boss. And the boss **will make him listen** next time." Sie zeigt über die Schulter nach drinnen.
"Well, you can try." Timothy findet es durchaus richtig, wenn Tamara über ihren Onkel versucht, dass dieser Schnösel einen Rüffel erhält.
"Maybe we can find the guy", sagt er plötzlich und schlägt vor, eines der Bilder von seinem Handy auszudrucken, um es in der Schule herumzuzeigen. Wenn sie erst mal wissen, wer der Dieb ist und wo er wohnt, können sie zu ihm gehen und Uptons Fahrrad zurückfordern. Natürlich in Begleitung vieler Freunde. Man weiß ja nie. Vielleicht muss man solchen Typen erst einheizen, ehe sie klein beigeben.
"Great idea!" Upton ist begeistert. "**Send** me an e-mail with a photo and I'll make some **flyers**."

---

never nie
not any more nicht mehr
will make him listen wird dafür sorgen, dass er zuhört
send schick
flyers Flugblätter

Kriminelle Machenschaften

Als Timothy am Montag sieht, was Upton und Ricky übers Wochenende aus einem der Handyfotos gebastelt haben, schüttelt er erst mal lachend den Kopf. Sie haben das Bild vergrößert, in Fettschrift

WANTED – DEAD OR ALIVE!

darüber geschrieben und eine genaue Personenbeschreibung darunter gesetzt. In der letzten Zeile stellen sie für Hinweise, die zur Ergreifung des Täters führen, eine Belohnung in Höhe von zehn Pfund in Aussicht. Die zehn Pfund wollen Uptons Eltern spendieren.

Neben einer Kopie für das Schwarze Brett in der Eingangshalle der Schule haben Ricky und Upton ein paar Exemplare extra gedruckt, um sie auf dem Schulhof herumzeigen zu können.

"Do you really want to put one of these on the **notice board**?", fragt Helen, nachdem sie sich den Steckbrief angeschaut hat. Der reißerischen Art und den Worten TOT ODER LEBENDIG kann sie ganz und gar nichts abgewinnen.

"Yes, sure", sagt Upton. "Why not?"

Wanted – dead or alive! Gesucht – tot oder lebendig!
notice board Schwarze Brett

"It's not the **Wild West**!", stellt Helen genervt fest. "They don't **shoot** thieves any more."
"They didn't shoot them in the Wild West, either", entgegnet Ricky mit fast bösartigem Grinsen. "They **hanged** them."
"That doesn't make it any better", stimmt Tamara Helen zu. Sie wendet sich an Upton. "But I still want to help. I'll take one of the flyers and show it to people."
"See!", sagt Ricky in überlegenem Tonfall zu Helen. Er gibt Tamara einen Steckbrief. "What's the problem?"
Tamara nimmt das Blatt entgegen, falzt die fragwürdige Zeile sauber nach hinten um und fährt mit dem Fingernagel über die Kante.
"Hey! What are you doing?", fragt Ricky.
Ohne auf ihn einzugehen, trennt Tamara die Kopfzeile ab, hält das Blatt in Armlänge von sich und betrachtet ihr Werk. "I can **show** it **around** now, I guess."
Die beiden Urheber des Steckbriefs schauen verständnislos zu, wie auch Timothy und Helen Tamaras Bei-

---

Wild West Wilde Westen
shoot erschießen
hanged haben erhängt
show around herumzeigen

spiel folgen und ihre Exemplare auf dieselbe Weise bearbeiten.
In der nächsten Pause zeigen alle fünf die Steckbriefe auf dem Schulhof herum. Upton und Ricky im Original, Timothy, Tamara und Helen in der harmloseren Version. Obwohl sie fast das ganze Schulgelände abklappern, finden sie niemanden, der den Jungen auf dem Foto erkennt. Auf dem Weg ins Klassenzimmer fällt Ricky auf, dass der Steckbrief, den Upton ans Schwarze Brett in der Eingangshalle gepinnt hat, schon wieder abgehängt wurde.
"Well, it was **worth a try**", stellt Upton frustriert fest. "Thanks for your help."
Ricky findet den zerrissenen Steckbrief im Papierkorb. "Don't **give up**! Don't you understand what this **means**?"
"You tell me", antwortet Upton missmutig.
Ricky ist davon überzeugt, dass nur der Dieb selbst oder jemand, der ihn gut kennt, den Steckbrief zerrissen haben kann. Wer sonst würde den Zettel abreißen?
Sie drehen sich um, beobachten, wie alle aus der Pause zurück ins Gebäude strömen. Verhält sich jemand auffällig? Nichts zu erkennen.

---

worth a try einen Versuch wert
give up gib auf
means bedeutet

"We'll find him", versucht Ricky Upton aufzumuntern.
"Let's go, we're late", drängt Tamara.
"We'll be there in a minute", sagt Timothy. Gemeinsam mit Upton sucht er das Schwarze Brett nach Reißzwecken ab, um einen neuen Steckbrief anzuhängen.
Plötzlich spürt Timothy eine Hand auf der Schulter. Er fährt herum und sieht sich dem Hausmeister gegenüber.
"Do you have **permission** to put this on the board?", raunzt der die Schüler an.
"What?", fragt Upton.
"There's no **stamp** on it." Der Hausmeister deutet auf den Steckbrief in seiner Hand.
"What do you mean?" Upton hat keinen Schimmer, weshalb der Zettel gestempelt sein sollte.
"You need permission to use the notice board. You have to get it **stamped**."
"Oh. We didn't know that. Sorry."
"Well, you know now."
Der Hausmeister wendet sich ab und geht.
Timothy schaut sich die Aushänge am Schwarzen Brett genauer an.

---

permission die Erlaubnis
stamp Stempel
stamped gestempelt

"**Look**", sagt er zu Upton. Jeder einzelne Zettel ist mit dem Schulstempel versehen. Offenbar ist es doch nicht der Dieb gewesen, der den Steckbrief in den Papierkorb entsorgt hat. Dagegen scheint der Hausmeister nichts Wichtigeres zu tun zu haben, als stündlich zu kontrollieren, ob alle Aushänge ordentlich gestempelt sind.

"You go to the classroom", sagt Upton. "I'll go to the secretary to get this thing stamped."

"You'll never get a stamp for this", erwidert Timothy.

"Why not?"

Timothy deutet auf die Überschrift. Endlich kapiert Upton, was Tamara und Helen vorhin meinten. WANTED – DEAD OR ALIVE – Das wird garantiert niemand abstempeln. Mit dieser Version braucht er im Sekretariat erst gar nicht anzukommen.

Endgültig sauer, feuert er den zusammengeknüllten Zettel in den Papierkorb. Die Aktion war wohl für die Katz. Er wird sich einfach an den Gedanken gewöhnen müssen, dass er sein Fahrrad nie wiedersieht.

Look. Schau.

Schlag auf Schlag

Um Mr Stevens mit ihrer Begeisterung für das Zeitungsprojekt anzustecken, wollen ihm Timothy, Tamara, Ricky, Helen und Upton bis zum nächsten Treffen erste Ideen und Anzeigenkunden präsentieren.

Tamara, Upton und Timothy klappern an den folgenden Nachmittagen Läden ab, um Anzeigen zu akquirieren. Ricky und Helen erkundigen sich in diversen Druckereien nach den Druckkosten. Am Donnerstag treffen sie sich bei Tamara und ziehen eine Zwischenbilanz.

"We've found seven people who want adverts", gibt Tamara stolz bekannt. "Three of them want whole pages, two want **half** pages and two will pay for **quarter pages**."

"How much will they pay?", fragt Ricky.

"Fifteen **pounds** for a whole page, eight pounds for half a page, and five pounds for a quarter", antwortet Tamara.

"What **kind** of shops are they?", fragt Helen.

---

half halbe
quarter pages Viertelseiten
pounds Pfund
kind Art

"A bank, a bakery, a hairdresser's and a book shop", antwortet Timothy. "If we**'re lucky** we'll get the bike shop on Market Street, too. They said they'd take a whole page, if …"
"If what?", fragt Ricky in Timothys Kunstpause.
"… one of us buys a new bike."
"Upton! You need a new bike, don't you?", sagt Ricky. "You can buy one there."
"Oh shut up", schnauzt Upton ihn an.
"You still haven't found it, then?", fragt Tamara. Im Gegensatz zu Ricky kann sie Uptons Reaktion gut verstehen.
Er schüttelt den Kopf. "No."

"Helen and I **went** to about a **dozen** printers", erzählt Ricky.
"Seven", korrigiert ihn Helen.
"It took hours."
"Any results?", fragt Timothy.
"They're all much too expensive", antwortet Ricky und legt einen Stapel Preislisten auf den Tisch.
"Except this one." Helen fischt ein Blatt mit handschriftlichen Notizen aus dem Stapel.
"Come on. **You can't be serious**", sagt Ricky.

---

are lucky Glück haben
went sind gegangen
dozen Dutzend
You can't be serious. Das ist doch nicht dein Ernst.

"Why? This one is really cheap", erwidert Helen.
"How much?", fragt Tamara.
"Half **as** much **as** the others."
Upton will wissen, ob schon mal jemand überschlagen hat, wie viel Geld sie am Ende pro Heft verlangen müssen.
"We can't **work** it **out** until we know what everything **is going to cost**", antwortet Helen.
Ricky deutet auf den Zettel, den Helen noch immer in der Hand hält. "I'm really not sure we should go to this shop."
"Why not?", fragt Timothy. "If they're the cheapest, we can **save half** the money."
"Yes", stimmt Upton ihm zu. "Where's the problem?"
Ricky sieht Helen an. Sie scheinen nicht ganz einer Meinung zu sein. Trotzdem erzählen sie abwechselnd, was ihnen in dieser Druckerei aufgefallen ist.
Zunächst trafen sie im Büro niemanden an. Sie hörten jedoch Stimmen und Geräusche in den hinteren Räumen. Sie gingen zur Tür und riefen in den Flur:

as … as so … wie
work out ausrechnen
is going to cost kosten wird
save sparen
half die Hälfte von

"Hello! Is **anybody** there?", erhielten aber keine Antwort.
"So we went through the door to find someone", sagt Ricky. Er berichtet kopfschüttelnd, dass sie in allen anderen Druckereien schwere Maschinen gehört hätten. Nur in dieser Druckerei war es still.
"Maybe they just don't work on Saturdays", wendet Tamara ein.
Ricky verdreht die Augen. "It was Saturday for the other printers, too. They were all working."
Als sie schließlich im hintersten Raum waren, hatte ihr Rufen endlich Erfolg. Ein Mann und eine Frau kamen durch den hinteren Eingang aus dem Hof. Der Typ reagierte stinksauer und blaffte sie an, was sie hier verloren hätten.
"The woman was much nicer, **though**. She **took** us **back** to the **office**", sagt Helen.
Dort stellte sich leider schnell heraus, dass diese Drucker keinerlei Erfahrung mit Schulzeitungen hatten. Sie schienen sich vor allem mit Briefpapier und Visitenkarten über Wasser zu halten. Trotzdem erhielten Ricky und Helen am Ende eine Art Kostenaufstellung mit Telefonnummer für die Terminabsprache.

---

anybody irgendjemand
though aber
took back hat zurückgebracht
office Büro

Handschriftlich auf einem Notizzettel. In allen anderen Druckereien hatten sie aufwändig gestaltete Broschüren mitbekommen.

"Maybe Ricky's right. They were **a bit strange**", sagt Helen.

"I'm really not sure they know what they're doing", sagt er.

Upton zuckt mit den Schultern. "**As long as** the **price** is good, I don't mind."

"You say they usually print **business cards**?", fragt Tamara.

"And **toy money**. I saw a **huge** box of it", sagt Ricky.

"Toy money?"

"In the **back** room they **had shelves** and shelves of paper in all **different sizes**. And there was a huge box full of toy money, too. I was just looking at it

a bit ein bisschen
strange seltsam
as long as solange
price Preis
business cards Visitenkarten
toy money Spielgeld
huge riesige
back hinteren
had hatten
shelves Regale
different unterschiedlichen
sizes Größen

when we **heard** them coming." Er hebt die Hände, als müsse er sich dafür entschuldigen, dass die billigsten Drucker nur Spielgeld drucken.

"Are you sure it was toy money?", hakt Timothy nach. Ricky nickt.

Timothy lässt nicht locker. "**What did it look like?**"

"Why?", fragt Ricky.

"Just tell me. What did the money look like?"

Ricky schließt die Augen, um sich besser erinnern zu können. "Well, the **notes** were blue, and they had a '20' in the corner that wasn't **printed** very **well**. And a **little** blue flag with a circle of stars **next to it**." Er öffnet die Augen. "That's all **I remember**."

"Twenties, you say? How big were they?"

"I don't know. As big as pound notes, I guess", antwortet Ricky unsicher. "They looked pretty **real**, actually. The game the money **goes with** must be expensive."

---

heard haben gehört
What did it look like? Wie sah es aus?
notes Scheine
printed gedruckt
well gut
little kleine
next to it daneben
I remember ich mich erinnere
real echt
goes with dazugehört

"Are you sure it was toy money?"
"Yes, of course. What else would it be?"
"I saw something **on the news the other day**."
Timothy malt ein großes Euro-Zeichen auf ein Blatt Papier. "Do you know what this is?"
"That **stands** for 'euro', **doesn't it?**", antwortet Helen. Sie kennt die europäischen Banknoten vom Sommerurlaub in Griechenland. "**So what?**"
"I'm not sure." Timothy schüttelt den Kopf, kaut auf der Unterlippe. Plötzlich fällt ihm das Lehrbuch ein, das sie für den Deutschunterricht bekommen haben. Er fragt Tamara, ob sie ihr Deutschbuch mal eben holen kann. Sie zieht es aus der Schultasche und Timothy blättert hin und her, bis er die richtige Seite gefunden hat. Er zeigt auf die Abbildung eines 20-Euro-Scheins. "Was this what you saw?", fragt er Ricky.
Ricky klatscht sich auf die Stirn. "Man, I'm so stupid!"
"Well, we knew that **already**", sagt Upton und grinst.

---

on the news in den Nachrichten
the other day neulich
stands steht
..., doesn't it? ..., nicht wahr?
So what? Na und?
already schon

Tamara drängt sich vor, um sich die Abbildungen der Euro-Scheine anzusehen. "Oh my **god**!"
Ricky flüstert kaum hörbar: "That was forged money I saw, wasn't it?"
"Well, I don't think the **European** Bank prints its euros in the cheapest printer's in York, does it?", sagt Upton.
"We have to call the police", sagt Tamara.
"Phht", stößt Upton abfällig hervor. Mit der Polizei will er offenbar nichts mehr zu tun haben.
Ricky wiegt zweifelnd den Kopf. "I'm not sure **whether** it was forged money or toy money. What if I'**m wrong**?"
"The woman was really nice", meint auch Helen zögerlich. "She **was** really **interested in** the magazine. She asked us lots of questions about what kind of articles we were going to write."
"And", fügt Ricky mit wichtiger Miene hinzu, "if they print forged money, that means they've got lots of it. And people with lots of money don't need to print our school magazine." Er schüttelt den Kopf.
"Still, they made us the best **offer**!", betont Helen.

---

god Gott
European Europäische
whether ob
am wrong falsch liege
was interested in interessierte sich für
offer Angebot

"What if we call the police and they don't find any forged money in the back room? The printers will know it was us who told them. They'll never print our magazine then."
Timothy fragt sich, ob das ein Argument dafür sein sollte, ihren Verdacht nicht bei der Polizei zu melden.
"Why don't we go and talk to them again?"
Tamara kaut auf der Unterlippe. "I don't know if that's a good idea. What if they are **criminals**? You say they were nice the first time, but they might still be dangerous."
"Who wants to call the police?", stellt Timothy die Frage schließlich zur Abstimmung.
"So they can **make fun of** us again?", fragt Upton. "'I've got work to do, kids'", äfft er den Beamten nach. "'I don't have time for your practical jokes.' – You can do what you want, but I'm not going to the police again."
"Then let's think. We need to **take another look at** this room", beharrt Timothy auf einer Einigung. "If we find forged money in there, we'll call the police. If we don't find anything, we **let** them print our school magazine. How does that sound?"
Dafür erhält er Zustimmung von allen Seiten.

---

criminals Verbrecher
make fun of sich lustig machen über
take another look at einen weiteren Blick werfen auf
let lassen

Ehe sie jedoch Pläne schmieden können, wie die Druckerei am besten unter die Lupe zu nehmen sei, klingelt Tamaras Telefon.
"Hi! How are you? – Yes. – My e-mail, yes. – What? You know him?" Tamara schaltet das Telefon auf Frei-sprechen und legt es vor sich auf den Tisch, damit alle mithören können.
"You're absolutely sure?", fragt sie.
"Of course I'm sure", tönt eine Mädchenstimme aus dem Telefon. "He goes to the **same swimming club** as my brother."
"Do you know his name?"
"Jerome something."

"*Something* doesn't help", sagt Tamara. "Can you find out his second name?"
"Wait a minute, I'll ask my brother."
Während sie am andern Ende nur noch Rascheln und Schritte hören, erklärt Tamara, worum es geht: "I sent an e-mail with the photo of Upton's bike thief to all my friends. And – ta-da! – Melanie says she knows him."
Aus dem Telefon ertönen Schritte, erneutes Rascheln.
Wie auf Kommando rücken alle näher.
"It's Mulligan. Jerome Mulligan."

---

same selben
swimming club Schwimmverein

"Thanks, Mel. Did you ask your brother for his address, too?"
"It's 34 Irwin Avenue. Your e-mail doesn't say why you want to **contact** him. He's **cute**, though. **Have** you **got a crush on** him or something?"
Tamara wird rot.
"He stole my bike", presst Upton kaum hörbar zwischen den Zähnen hervor.
"**Don't you dare** tell people I've got a crush on him!", ruft Tamara ins Telefon.
"So you have, then?", fragt Melanie vergnügt.
"No, I haven't!", protestiert Tamara. "We've got a **surprise** for him, that's all. Thanks a lot, Mel. You've been a great help."
"You're welcome", flötet Melanie zum Abschied.
Tamara drückt das Gespräch ab. "I hope she doesn't tell **everyone** that **rubbish**." Gleichzeitig sieht man ihr an, wie stolz sie ist, mit ihrer E-Mail-Aktion erfolgreich gewesen zu sein. "What do you think, detectives? Shall we call the police and tell them to arrest this Jerome?"

---

contact kontaktieren
cute niedlich
have got a crush on ... bist in ... verknallt
don't you dare wage es ja nicht
surprise Überraschung
everyone allen
rubbish Unsinn

Upton will mit der Polizei absolut nichts mehr zu tun haben. "No!"
"Why should we call the police?", meint Ricky. "Let's just go and see him and get Upton's bike back **ourselves**."
"Are you sure that's the right thing to do?", fragt Tamara.
"Why not?", fragt Timothy. "Let's **surprise** him. That's what you told your friend Melanie we were going to do."
"Okay, let's go", sagt Upton mit entschlossener Miene.
"**What about** the printers?" Mit diesem Einwand hofft Tamara vor allem, die anderen davon abzuhalten, so überstürzt aufzubrechen. Ihre vier Freunde sind allerdings bereits im Flur, um sich die Schuhe anzuziehen. Wenn sie noch mit will, muss sich Tamara beeilen.
Sie nehmen den Bus über die Ringstraße und lassen den Fluss Ouse und die verkehrsberuhigte Innenstadt mit dem weit sichtbaren Münster rechts liegen. Nach einer Fahrt von etwa zwanzig Minuten nähern sich Helen, Tamara, Ricky, Upton und Timothy dem Haus von Jerome Mulligan.

---

ourselves selbst
surprise überraschen
what about was ist mit

Ohne Quittung? Nichts zu machen!

"**Bingo**", sagt Upton, als er sein Fahrrad im Vorgarten stehen sieht. Wenn es nicht ebenso wie zwei weitere Fahrräder mit einem Ringschloss gesichert wäre, würde er es sich einfach schnappen und mitnehmen.

"Okay, let's see who's **at home**." Timothy drückt den Klingelknopf neben der Haustür. "Who's going to do the talking?"

"You are", antwortet Ricky. "**As usual**."

Schon geht die Tür einen Spalt weit auf. Ein Junge, der kaum bis zur Klinke reicht, linst nach draußen und blickt ihnen neugierig entgegen.

Timothy kombiniert haarscharf, dass es sich bei dem Knirps um einen Bruder des Diebes handeln muss.

"Hi. Are your mum or dad at home?"

"Mhm", macht der Junge.

"Can you go and get one of them?", fragt Timothy.

"Mhm", macht der Junge, rührt sich aber nicht von der Stelle.

"Why are you asking for his parents?", flüstert Upton. "It's Jerome we want to talk to."

Bingo. Volltreffer.
at home zu Hause
as usual wie üblich

In diesem Moment geht die Tür ganz auf. Eine Frau zieht den Kleinen zurück in den Flur. "How many times have I told you not to **answer** the door?", weist sie ihn zurecht, ehe sie sich an die Besucher wendet. "Can I help you?"
"Is Jerome in?", fragt Timothy.
"Good afternoon", erwidert die Frau tadelnd. "Who's asking, please?"
"Good afternoon, erm, sorry, my name's Timothy. **We'd like to** talk to Jerome. Please."
"Are you friends of his? I don't think we**'ve met** before."
"No. He's stolen my bike", fällt Upton nun mit der Tür ins Haus.
"*What*?" Die Frau verschränkt abwehrend die Arme vor der Brust. "You're saying my son's a thief?"
Tamara tritt einen Schritt vor. "Erm … it's **like this**. We saw Jerome on Upton's bike the other day. It was stolen a couple of weeks ago."
Jeromes Mutter betrachtet sie mit zweifelnder Miene. "What are you talking about? My son is not a thief!"
"But this is my bike!" Upton zeigt hinter sich. "It was stolen! It's mine!"

---

answer *hier:* öffnen
we'd like to wir würden gerne
have met haben uns getroffen
like this so

"Excuse me, but is this your son?" Tamara holt einen Steckbrief aus ihrer Hosentasche.
Zögernd nimmt Mrs Mulligan den Zettel entgegen und faltet ihn auseinander. Zum Glück handelt es sich um ein Exemplar ohne die aufreißerische Titelzeile "Wanted – dead or alive".
"Yes, that's Jerome. So what?"
"Well", meldet sich Upton nun etwas weniger forsch zu Wort und zeigt auf das Bild. "The bike in that photo is mine."
Mrs Mulligan schaut auf den Steckbrief, dann auf Upton und schließlich über die Kinder hinweg zu den drei Fahrrädern im Vorgarten. "Are you sure?"
"Yes!", sagen alle fünf. "Absolutely."
"What do you **expect** me to do about it?"
"I want my bike back", sagt Upton.
Mrs Mulligan wendet sich um. "Jerome!"
Einen Augenblick später hören sie rumpelnde Schritte auf der Treppe, kurz darauf steht Jerome neben seiner Mutter. "What is it?"
Sie zeigt auf Upton. "This boy says you stole his bike."
"What?" Er prallt zurück, als hätte ihm eine unsichtbare Kraft einen Schlag verpasst. "Mum! I bought it two weeks ago. You know that. Dad was with me."

---

expect erwartet

"Can you show us the **receipt**?", fragt Helen.
"No. It was **second-hand**. You don't usually get receipts from the **stalls** on the market."
Die Kinder schauen sich ratlos an.
"I really think we should call the police", sagt Tamara zu ihren Freunden.
"The police? But why?" Jerome scheint ahnungslos. Er ist entweder ein großartiger Schauspieler, oder er hat wirklich keinen Schimmer. "What are you talking about?"

---

receipt Quittung
second-hand gebraucht
stalls Ständen

Timothy unternimmt noch einen Versuch, Licht ins Dunkel zu bringen: "You said you bought it second-hand?"
"Yes", antwortet Jerome. Ebenso wie seine Mutter steht er mit verschränkten Armen im Türrahmen. "And if you need a **witness**, my dad was with me."
"Where did you buy it?", fragt Ricky.
"Newgate Market."
"When?", setzt Upton das Verhör fort.
"Two weeks ago. I told you already. And if you still don't believe me, you can ask my dad now." Mit triumphierender Miene zeigt Jerome auf einen Wagen, der auf den Stellplatz neben der Rasenfläche einbiegt. Der Fahrer steigt aus und nähert sich der Gruppe.
"What a **lot** of **visitors**! **What's going on?**", fragt er verwundert, aber gut gelaunt. "Did I forget someone's birthday or something?"
Jerome zeigt auf Upton. "Dad, this boy is saying I stole his bike!"
"Well, that's not **true**", wendet sich Jeromes Vater an Upton. "I was with my son when he bought it."
"But it's mine!" Upton klingt verzweifelt. Vor lauter Frust schießen ihm Tränen in die Augen.

---

witness Zeugen
lot Menge
visitors Besucher
What's going on? Was ist los?
true wahr

Jeromes Vater atmet erst einmal tief durch. "I know that my son is telling the **truth**", sagt er. "On the other hand, I think that you **may be telling** the truth, too. Let's talk about it. Come in." Mit einer einladenden Geste bittet er die fünf herein.

Couch und Sessel reichen nicht für alle. Ein paar Kinder hocken sich auf den Teppich vor dem Couchtisch. Mit einer Reihe geschickter Fragen gelingt es Mr Mulligan schnell, zumindest ein paar Unklarheiten zu beseitigen.

Es stellt sich heraus, dass nicht nur Upton den Fahrraddieben zum Opfer gefallen ist, sondern auch Jerome. Die Diebe haben ihre Beute auf dem Newgate Market angeboten. Neben Uptons Mountainbike standen noch drei andere gebrauchte Fahrräder zur Auswahl. Jerome und sein Vater hielten die beiden Männer für reguläre Händler.

Wegen des Leeds United Stickers auf dem Sattel war Jerome das Rad im Vorübergehen aufgefallen. Er fragte die Händler nach dem Preis, und weil der so verlockend war, bat er seinen Vater, ihm das Geld auszulegen. Jerome konnte das neue Fahrrad gleich mit nach Hause nehmen.

"So what happens now?", fragt Jerome.

---

truth Wahrheit
may be telling vielleicht erzählst

Mr Mulligan zieht die Augenbrauen hoch. "It's Upton's bike. We have to give it back, I'm afraid."
"And what about my money?", fragt Jerome.
Darauf hat Mr Mulligan offensichtlich keine Antwort.
"But that's not fair!", beklagt sich Jerome. "I didn't know that the bike was stolen! Thc guy was really nice. He told us it was his son's bike and that his son was too big for it now. He told us his son **supported** Leeds United, **like** me. We had no **reason** not to **trust** him."
Mrs Mulligan legt ihrem Sohn tröstend eine Hand auf die Schulter. "Don't worry. We'll find you a new bike. It's not your fault. Let's call the police. They should know what to do about it."
Timothy blickt in die Runde. Jeromes Vater stimmt nickend zu. Wie alle andern auch. Nur Upton starrt weiter düster vor sich hin.
Mr Mulligans Telefongespräch mit der Polizei verläuft ähnlich enttäuschend, wie der Besuch der Kinder auf der Polizeistation gewesen ist.
Der Polizist habe ihn aufgefordert, mit seinem Sohn zur Station zu kommen, um alles zu Protokoll zu ge-

supported unterstützt hat
like wie
reason Grund
trust vertrauen

ben. Außerdem habe er ihn belehrt, dass die Polizei kaum etwas unternehmen könne, wenn keine Quittung existierte. Bei Geschäften ohne offiziellen Kaufbeleg handele es sich immer um dasselbe Problem: Wie soll man den Verkäufer ausfindig machen? Im Übrigen mache man sich als Käufer mitschuldig, wenn man wissentlich gestohlene Ware kaufe.
Der Polizist wusste genau, wen er da am Telefon abblitzen ließ. Vor wenigen Wochen hatte sich Jeromes Vater unbeliebt gemacht, als er Yorks Polizei in *The Press* in einem anderen Zusammenhang hart kritisiert hatte.
"They wouldn't help us either", meint Timothy. "We went to the police station when we saw your son on Upton's bike. They didn't do anything."
"And I thought they didn't help us because we were children", grummelt Upton. "It **seems** they do**n't** help **anybody at all**."
"Well then, we'll just have to find the person who stole Upton's bike on our own", meint Tamara.
"Tell me how and I'll help you", sagt Jerome wenig enthusiastisch.

---

seems scheint
not anybody keinem
at all überhaupt

"Well, we found *you*", sagt Ricky voller Zuversicht. "So we can find the thief **as well**."
"Let's go to the market and look for him", schlägt Timothy vor.
"Actually, there were two of them", sagt Jerome.
"Could you find the stall where you bought the bike?", wendet sich Tamara an Jerome.
Er nickt. "Sure."
"Don't do anything stupid", sagt Mrs Mulligan. "These people might be dangerous."
"It should be okay just to look around", sagt Mr Mulligan. "Let's all go to Newgate Market. We can ask around. The **stallholders nearby might have seen** something. Maybe they **even** know the guys who sold us the bike."
"Yes! Great!", stimmen alle zu.
"How about Saturday morning?", fragt Timothy. "It was a Saturday when you bought it – they're **probably** there the same day every week. Is ten o'clock a good time?"
Mr Mulligan und sein Sohn nicken.
"We'll be there!", sagt Jerome.

---

as well auch
stallholders Standbesitzer
nearby in der Nähe
might have seen haben vielleicht gesehen
even sogar
probably wahrscheinlich

In die Enge getrieben

Auch beim nächsten Freitagstreffen sind sie nur zu fünft. Mr Stevens ist enttäuscht. "Do you think the five of you can do a whole magazine on your own?"
"Sure!", sagt Upton. "It'll be fun!"
"Of course we can!", sagt Helen.
"There were only two more of us when we **did** the magazine in primary school", sagt Timothy.
"And everybody liked it", sagt Ricky. "Some people even asked for our **autographs**!"
"Don't forget to tell him how they kissed our feet as well", meint Tamara.

Zum ersten Mal sehen sie Mr Stevens lachen.
"We should try to get some articles and stories from other pupils, too, though", meint Timothy und schlägt vor, ihre Mitschülerinnen und Mitschüler zur Mitarbeit aufzurufen. So kann jeder einen Beitrag abliefern, ohne gleich zum Redaktionsteam gehören zu müssen.
"We need a letterbox!", sagt Tamara.
"So that people can write to us?", fragt Ricky.
"'**Dear editors** of the school magazine'", entwirft Helen aus dem Stegreif einen Brief an die Zeitungs-

---

did gemacht haben
autographs Autogramme
dear liebe
editors Redakteure

redaktion, "'I'd like to send you one of my **poems**. Please print it in the school magazine because I want to be rich and famous.'"
"Yes, that's exactly what I mean!", sagt Tamara.
Alle blicken auf Mr Stevens. "That sounds good!"
"But?", fragt Upton.
"How are you going to **get** people to write these articles for you?" Mr Stevens scheint ein leidenschaftlicher Pessimist zu sein. Bloß weil sich nur fünf Leute gefunden haben, die fest mitmachen wollen, muss das doch nicht gleich heißen, dass sich niemand findet, der einen einzelnen Beitrag abliefern möchte.
"We'll put a note on the notice board and see what happens", sagt Timothy. "A note with a stamp on it, of course!"
"We'll have to **make sure** we say that this issue of the magazine has crime as its theme", sagt Helen.
"'Please send us your stories and poems'", sagt Upton.
"'Or **silly quotations**'", sagt Tamara.
"What about **recipes**?", schlägt Helen vor.

---

poems Gedichte
get dazu bringen
make sure darauf achten
silly blöde
quotations Zitate
recipes Rezepte

"Recipes might be difficult with crime as our theme", wendet Timothy ein.
"Why?", fragt Helen.
Timothy grinst. "What are they going to suggest? The best recipe to **poison** someone?"
"Why not?", fragt Upton. "'How to poison your teacher.'"
"Ahem", räuspert sich Mr Stevens.
"Sorry, just joking", sagt Upton. "By the way – we can ask for jokes, too."
Die Ideen mit dem Briefkasten und dem Infobrief müssen sie unbedingt umsetzen. Tamara und Timothy erklären sich bereit, den Brief an alle Klassen zu entwerfen. Bei Ricky zu Hause steht ein ausgedienter Briefkasten herum. Mit funktionierendem Schloss. Er will das alte Ding übers Wochenende lackieren und am Montag mitbringen.
Die vielleicht schwierigste Aufgabe fällt Mr Stevens zu. Er muss die Verhandlungen mit dem Hausmeister aufnehmen, um zu klären, wo der Briefkasten aufgehängt werden darf.
Wenn auf diese Weise tatsächlich ein paar Beiträge zusammenkommen, ist es durchaus realistisch, dass die erste Ausgabe ihrer Zeitung bis zu den Herbstferien fertig wird. Das Projekt hat endlich an Schwung

---

poison vergiften

gewonnen. Das wichtigste Ereignis des Wochenendes bleibt jedoch der gemeinsame Marktbesuch.

"You're **up early**", meint Timothys Dad, als er seinen Sohn am Sonnabend bereits um neun Uhr beim Frühstück antrifft. Er ist am Vorabend spät nach Hause gekommen und Timothy hat ihm von seinen Ausflugsplänen noch nichts erzählen können.
"We're going to the market", sagt Timothy. "Mum says it's okay."
Sein Dad schaut ihn überrascht an. Dass Timothy vorhat, freiwillig auf einen Markt zu gehen, wundert ihn.
"We?"
"Erm, Helen, Ricky, Upton, Tamara and me."
"Is something **special** happening today?"
"**Not that I know of.**"
"So you're just going there to look around?"
Timothy nickt. "Mhm."
"Okay. Well, have fun."
"Thanks, Dad."
Timothy stürzt seinen Kakao hinunter und sieht zu, dass er wegkommt. Sonst schöpft sein Dad noch Verdacht. Von ihren Plänen, die Fahrraddiebe ausfindig

---

up early früh wach
special Besonderes
Not that I know of. Nicht dass ich wüsste.

zu machen, müssen seine Eltern ja nicht unbedingt etwas wissen.
Mit dem Rad fährt er in die Innenstadt. Der Strom von Touristen wird immer dichter. An einem Tag mit strahlend blauem Himmel wie diesem scheint die halbe Welt nach York zu kommen, um sich die hübschen Backstein- und Fachwerkhäuser anzusehen.
Viele dieser historischen Gebäude ragen von Stockwerk zu Stockwerk immer weiter in die engen Gassen hinein. Timothy schließt das Fahrrad an einen der Ständer am Rand der Fußgängerzone.
Pünktlich um zehn treffen auch Upton, Helen, Ricky und Tamara an der vereinbarten Ecke zwischen Market Street und Parliament Street ein. Keine fünf Minuten später ist die Gruppe mit den Mulligans komplett.
"What are we going to do?", fragt Timothy.
"Let's go and find the market stall where we bought the bike", schlägt Mr Mulligan vor.
Im Gänsemarsch schlängeln sie sich durch die Menschenmenge, die sich über den traditionellen Markt wälzt.
Von üppig beladenen Obst- und Gemüseständen bis zu Unterwäsche- und Sockenverkaufsbuden ist alles vertreten. Natürlich wird auch reichlich Souvenirschrott angeboten. Kleine Modellhäuser im Stile der Yorker Fachwerkhäuser zum Beispiel. Mit Schlitz im Dach, damit man sie als Spardosen benutzen kann.

Oder sprechende Plüschpapageien, die Schimpfwörter und anzügliche Sprüche in Yorkshire Dialekt von sich geben, wenn man am Schnürchen zieht.
Unter diesen Plüschvögeln entdeckt Upton einen Pfau in den Vereinsfarben von Leeds United. Er bleibt stehen, weil er unbedingt am Ring des Wappentiers von seinem Lieblingsclub ziehen muss.
Als der Vogel eine blecherne Version der inoffiziellen Vereinshymne "**Marching On Together**" von sich gibt, hält Upton andächtig die rechte Hand aufs Herz. Damit bringt er alle zum Lachen.
Bis auf Jerome. Auch er ist Fan der Peacocks, wie die Fans von Leeds United ihre Mannschaft nach dem Wappenvogel nennen. Jerome nimmt die gleich andächtige Pose wie Upton ein.
Damit haben die beiden eine ausgesprochen wichtige Gemeinsamkeit gefunden.
Dass sie sich nach dem Streit ums geklaute Fahrrad so gut verstehen, findet Timothy lustig. Er knufft Tamara in die Seite und nickt mit dem Kopf in ihre Richtung.
"Yes, I saw them", flüstert Tamara. "A stolen bike as the **beginning** of a great **friendship**."

"Marching On Together" "Gemeinsam weitermarschierend"
beginning Anfang
friendship Freundschaft

Unvermittelt zeigt Mr Mulligan zur anderen Seite der Marktstraße. "That's where we bought the bike. Right between those two stalls."
Zwischen einem Stand mit Kochutensilien und einem Stand mit Geldbörsen und Hüllen für Mobiltelefone klafft eine breite Lücke, durch die man zur nächsten Reihe von Ständen hindurchgehen kann. Von Fahrrädern keine Spur.
"No bikes today", stellt Upton knapp fest.
"Are you sure it was here? I thought the market people always had the same **spots**", wendet sich Ricky an Mr Mulligan.
"That's what I thought, too", stimmt Helen zu.

Während fast alle auf die breite Lücke zwischen den Ständen schauen, fällt Timothy Helens misstrauischer Blick auf. Traut sie den Mulligans etwa nicht über den Weg? Glaubt sie, dass ihnen die beiden nur etwas vorspielen? Tun sie etwa nur so, als hätten sie Uptons Fahrrad auf dem Markt gekauft? Dann wäre die von ihnen gebotene Vorstellung allerdings reif für einen Oskar. Ohne es selbst zu merken, schüttelt Timothy den Kopf. Der Gedanke gefällt ihm nicht.
"Look at all the cameras", sagt Ricky und zeigt nach oben. Von ihrer Position aus können sie an den Fassaden drei Überwachungskameras ausmachen.
"Pretty useless, if you ask me."

---

spots Plätze

Was Ricky damit meint, ist klar. Wozu die ganze Überwachung, wenn Fahrraddiebe ihre Beute trotzdem ungeschoren auf dem Markt verkaufen können? Ganz abgesehen davon, dass sie die Fahrräder zuvor vermutlich auch noch vor laufender Kamera gestohlen haben.

"Let's ask around", schlägt Timothy vor. "I'm sure the market people all know **each other**."

Die erste Befragung bringt keinen Erfolg. Die Frau am Stand mit den Küchenartikeln erzählt ihnen zwar äußerst redselig, dass sie ihnen nicht helfen könne, weil sie nur ausnahmsweise eingesprungen sei. Sie habe wirklich keine Ahnung, ob hier irgendwann einmal Fahrräder verkauft wurden. Das letzte Mal, dass sie ausgeholfen habe, sei Monate her.

"Sorry, I'd love to help, but you must **excuse** me", beendet sie das Gespräch mit Mr Mulligan abrupt.

Eine junge Frau ist an den Stand getreten und dreht noch etwas unentschlossen ein Küchenmesser hin und her.

Mit strahlendem Lächeln stürzt sich die Frau auf die Kundin: "Hello, **love**! I think this is the knife you're looking for."

---

each other sich
excuse entschuldigen
love meine Liebe

Timothy kommt unweigerlich das Bild eines über der Beute kreisenden Raubvogels in den Sinn. Sobald der Raubvogel ein Opfer entdeckt, stürzt er herab, um es zu packen. Nur benutzt die Marktfrau keine Krallen, sondern ihre Stimme.

Der Mann am Nachbarstand ist das krasse Gegenteil. Er will die vor ihm ausliegende Ware anscheinend gar nicht verkaufen. Ein wahrer Griesgram. Deshalb bleibt auch kaum jemand stehen, um seine Geldbörsen und Telefonhüllen anzusehen.

"What?", fährt er Timothy an, weil der offenbar zu lange in seine Richtung geschaut hat.

"Excuse me", fängt sich Timothy schnell. "Do you know the people who were here selling bikes two weeks ago?"

"Who wants to know?"

Nach dieser ruppigen Antwort weiß Timothy dann doch nicht mehr weiter. Er ist froh, dass Jeromes Vater routiniert und selbstsicher einspringt. Mr Mulligan stellt sich vor und begründet die Frage nach den Fahrradleuten damit, dass sein Sohn zu Hause bemerkt habe, dass die Lichtanlage nicht funktioniert.

"Are you one of the **market controllers**?", fragt der Händler knurrig.

Mr Mulligan schüttelt den Kopf. "We're just looking for the people who sold us the bike."

---

market controllers Marktkontrolleure

Der Händler kratzt sich am Kinn. "Maybe I know who you're looking for."
"Great!", ruft Timothy. "Where can we find them?"
"Is this your son?", fragt der Griesgram mit einer Kopfbewegung in Timothys Richtung.
"My son's friend", antwortet Mr Mulligan. "So you do know where we can find these people?"
"It **depends**", sagt der Händler.
"It depends on what?", fragt Mr Mulligan.
Der Händler reibt Zeigefinger und Daumen gegeneinander und meint, es hänge ganz davon ab, wie wichtig die Information sei.
Sichtlich verärgert zückt Mr Mulligan sein Portemonnaie. Er legt ein Pfund auf den Zahlteller.
Keine Reaktion.
Erst nach der dritten Pfund-Münze streicht der Händler das Geld in die hohle Hand und erzählt ihnen, dass er die Fahrradleute vor zwei Wochen zum ersten und letzten Mal gesehen habe. Sie hätten gefragt, ob sie ihre Räder in der Lücke zwischen den Ständen verkaufen dürften. Nach einer knappen Stunde wären sie wieder abgezogen.
"That's all you can tell us?", fragt Timothy. Für den Preis war die Auskunft recht dürftig.
"How much did you get from those thieves?", fährt Upton den Händler an.

---

depends kommt darauf an

"You what?"
"You heard me", giftet Upton. "How much did they pay you to let them sell stolen bikes from your stall? Ten **percent**? Twenty?"
Der Händler tritt Upton einen Schritt entgegen.
Während die Freunde instinktiv einen Schritt zurücktreten, bauen sich Mr Mulligan und sein Sohn breitschultrig vor ihm auf.
"**You'd better get lost!**", bellt der Händler und kehrt ihnen den Rücken zu.
"That was **helpful**!", knurrt Upton, als sie wenig später in einem Straßencafé ihr weiteres Vorgehen besprechen.

Jerome schlägt vor, sich in Gruppen aufzuteilen. Er selbst könnte mit Upton, Ricky und Helen die eine Seite des Marktes übernehmen, sein Vater könnte mit Timothy und Tamara die andere abklappern. Welche Gruppe auch immer etwas Verdächtiges bemerkte, sollte die andere per Handy herbeirufen.
Mr Mulligan begleicht großzügig die Rechnung.
Während die Vierergruppe schon im Getümmel verschwindet, gehen die drei in die Gegenrichtung, um die Fahrraddiebe vielleicht doch noch aufzuspüren.

---

percent Prozent
You'd better get lost! Ihr solltet besser verschwinden!
helpful hilfreich

Zunächst folgen Timothy und Tamara Jeromes Vater schweigend im Abstand von ungefähr einer Schrittlänge. Sie haben keine Ahnung, was sie mit ihm reden könnten. So richtig kennengelernt haben sie ihn in der kurzen Zeit ja noch nicht.
Während sie sich heimlich Blicke zuwerfen, scheint auch Mr Mulligan die Situation ein wenig seltsam zu finden. Schließlich beginnt er ein Gespräch über Fahrraddiebe, über die Schule und auch über die bisher so wenig hilfreiche Polizei. Durch Zufall landen sie beim Thema Schulzeitung. Mr Mulligan bleibt stehen. "So we're **colleagues**!"
"What do you mean?", fragt Tamara.
"I think I told you that I work as a journalist for *The Press*", antwortet Mr Mulligan.
"Do you always write about crime?" Tamara scheint ebenso erleichtert zu sein wie Timothy, dass sie endlich ein Thema haben, über das sie locker reden können.
"That, and for the **business pages**."
"What about sport?", fragt Timothy.
Mr Mulligan schüttelt den Kopf. "No, not sport. I guess you think writing about crime and business is boring?"

colleagues Kollegen
business pages Wirtschaftsseiten

"Erm, crime is okay. But business?", antwortet Timothy.
"That's what Jerome says, too. He'd like me to write about sport. But I'm really no **expert** on that."
"Would the printer of *The Press* print our school magazines?", fragt Tamara.
Mr Mulligan hebt die Schultern. "I don't know. But I could ask, if you like."
Im selben Moment klingelt Timothys Telefon. Uptons Name erscheint im Display. "Upton, what's up? – What?" Timothy ballt die Faust in Siegerpose.
Mr Mulligan und Tamara sehen ihn fragend an.
"Great! What do you want us to do? – Okay. Yes. – We'll be ready." Er drückt das Gespräch weg.
"Jerome has found the thieves at the other **end** of the market", sagt Timothy. "The problem is, they seem to have recognized him too. They even **left behind** two bikes they hadn't sold, and hurried away. Helen and Ricky are watching the bikes. Upton and Jerome are following them. They're coming right **towards** us. **Get out** your cameras. If we're lucky, we might be able to take photos of them."

---

expert Experte
end Ende
left behind haben zurückgelassen
towards ... auf ... zu
get out holt raus

Mr Mulligan zieht seine Digitalkamera aus der Tasche. Tamara und Timothy zücken ihre Telefone mit eingebauter Kamera. Um das Gewimmel besser unter Kontrolle zu haben, erklimmt Tamara den Sockel einer Straßenlaterne. Mr Mulligan klettert auf eine umgedrehte Obstkiste und überragt nun das Geschehen um etwa einen halben Meter. Timothy stellt sich auf einen dicken Straßenpoller und blickt hinüber zu Tamara, die ihren Beobachtungsposten auch schon wieder verlässt. Zielstrebig bahnt sie sich einen Weg durch die Menge. Hat sie einen der Fahrraddiebe entdeckt?
Timothy sieht, wie Tamara Kontakt mit einem Polizisten aufnimmt. Aus der Art, wie sie mit ihm redet, schließt Timothy, dass sich die beiden kennen. Er schaut wieder zu Mr Mulligan.
Genau im richtigen Moment. Jeromes Vater deutet heftig gestikulierend in die Menge. So sehr sich Timothy auch reckt – er kann keine auffälligen Personen erkennen. Ein Blitzgedanke lässt ihn Tamaras Kurzwahl wählen.
Sie geht sofort ran und fragt Timothy, was los sei. "Mr Mulligan's found him", gibt er durch und sieht, wie nun auch Tamara den Hals reckt.
Im Gegensatz zu ihm scheint Tamara jemanden Verdächtiges zu sehen.
Mr Mulligan hat inzwischen mitbekommen, dass sich Tamara die Unterstützung eines Polizisten geholt hat. Mit beiden Händen deutet Jeromes Vater in die Men-

ge. Nun sehen plötzlich alle einen Mann, der es offensichtlich sehr eilig hat. Mr Mulligan springt von der Kiste und geht dem Flüchtenden entgegen. Der Polizist schiebt sich von der anderen Straßenseite durch die Menge.

Als der Verdächtige den Uniformierten entdeckt, biegt er ab in Mr Mulligans Richtung und sieht sich von zwei Seiten bedrängt. Kurz entschlossen macht er auf dem Absatz kehrt, will zurück in die Richtung, aus der er gekommen ist – und steht vor Jerome und Upton.

Während er Jerome noch rüde zur Seite stoßen kann, duckt sich Upton weg und stellt ihm ein Bein.

Stolpernd und strauchelnd versucht der Dieb sich zu fangen, stürzt aber und rappelt sich hastig wieder auf. Noch ehe er wieder richtig auf den Beinen ist, packt ihn die Hand des Gesetzes.

Schnell bildet sich ein großer Kreis von Gaffern, die mit erschrockenen Gesichtern, aber trotzdem neugierig zusehen, wie sich der Verhaftete zur Wehr setzt und schließlich mit Handschellen ruhig gestellt wird. Nach der erfolgreichen Festnahme berichten Jerome und Upton, dass sich die Flüchtenden auf halbem Weg getrennt hatten und sie sich leider für einen entscheiden mussten.

Timothy gibt Helen und Ricky Bescheid, dass der Dieb gefasst sei, und erklärt ihnen per Handy, wo sie sich gerade befinden.

"What about the bikes?", fragt Helen.
"Oh, yes, I **forgot**. Wait a minute." Timothy wendet sich noch einmal an den Polizisten. "There are two more stolen bikes at the other end of the market. My friends want to know what to do with them."
"Can they bring them here?", fragt der Polizist.
"Are the bikes locked?", fragt Timothy ins Telefon.
"No."
"Good. Just bring them here."
"No problem. See you in a minute."
"Good work!", erwidert der Polizist knapp.
Während er den Dieb mit eisernem Griff am Arm festhält, nimmt er Kontakt mit der Zentrale auf.
Kurz darauf kommen Helen und Ricky, die Räder an ihrer Seite schiebend, und die herbeigerufenen Polizisten verfrachten sowohl die Beute als auch den Verhafteten in einen Kleintransporter.
Mr Mulligan vereinbart mit dem Polizisten einen Termin, an dem der ganze Vorgang zu Protokoll genommen werden soll, und gibt dann zur Feier des Tages noch eine Runde "fish **'n' chips**" aus.
"Did you know the policeman you **asked for** help?", fragt Timothy Tamara, während sie die üppige Zwischenmahlzeit wegputzen.

---

forgot habe vergessen
'n' chips mit Pommes
asked for ... um ... gebeten hast

"He's my uncle's friend", antwortet sie.
"You mean the uncle who wasn't a policeman but who worked for the police?", fragt Ricky mit vollen Backen.
"That's the one."
Upton starrt Löcher in die Gegend.
"What's up, Upton?", reißt ihn Timothy aus seinen Gedanken.
"What? Erm, well, I don't know really", antwortet er. "I think I'm **surprised** that we actually **got** help from the police this time." Er schiebt sich eine Pommes in den Mund, kaut darauf herum. "Did he only help us because he **knew** you?", fragt er Tamara voller Zweifel.
"**Does it** really **matter?**", fragt Helen in versöhnlichem Ton. Sie hält ihre Essenstüte hoch, als wolle sie mit den anderen anstoßen. "To the **friendly** policeman who's a friend of her uncle who wasn't a policeman", sagt sie und lacht.

---

surprised überrascht
got haben bekommen
knew kannte
Does it matter? Spielt es eine Rolle?
friendly freundlichen

Neue Pläne

Am Montag bringt Ricky den frisch lackierten Briefkasten mit in die Schule. Er ist knallgrün und garantiert nicht zu übersehen. Mr Stevens konnte mit dem Hausmeister sogar vereinbaren, dass er gut sichtbar im Eingangsbereich angebracht wird. Tamara hat einen Aufruf verfasst, der in den Klassen verteilt und ans Schwarze Brett gehängt werden soll:

WE NEED YOUR HELP!
We**'re editing** a new school magazine!
It **will be published** at the end of October.
You can write for us!
We're looking for:
- poems
- stories
- silly quotations
- your favourite recipe
- **puzzles**
- quiz questions
- **drawings**
- your photos of your last **school trip**

---

are editing herausgeben
will be published wird erscheinen
puzzles Rätsel
drawings Zeichnungen
school trip Schulausflug

- your favourite jokes
The theme for our first school magazine will be "Crime Stories and Detectives".
Please put all your brilliant ideas in the SCHOOLYARD MAGAZINE letterbox. It's so green that no one can **miss** it!
Thanks for your help!
Helen, Tamara, Timothy, Ricky and Upton

Während der Hausmeister in der nächsten Pause den Briefkasten aufhängt, holen sich Timothy und Tamara im Sekretariat einen Stempel für den Aushang.
"Mr Stevens told me you were coming", begrüßt Miss Marple die beiden. "Give me your note, you **heroes**. **I'd be delighted to stamp** it for you."
"Heroes?", fragt Tamara.
Miss Marple schaut sie verschwörerisch an. "You **caught** the bicycle thieves! The whole school is talking about it."
"Really?", fragt Timothy. "How do they all know?"

---

miss übersehen
heroes Helden
I'd be delighted ich würde mich sehr freuen
to stamp abzustempeln
caught habt geschnappt

"**Have**n't you **read** today's **newspaper**? I **put** the article **up** on the notice board **myself**."
Sie drückt den Schulstempel ins Kissen und haut einen fetten Abdruck unter Tamaras Text. Die beiden eilen sofort ans Schwarze Brett und treffen auf eine Traube von Schülerinnen und Schülern, die gerade den Zeitungsartikel lesen. So viel Aufmerksamkeit erfährt das Infobrett sonst nie. Höchstens an Sporttagen, wenn die Ergebnisse der Wettbewerbe bekannt gegeben werden. Sie entdecken Upton, Helen und Ricky im Gedränge und schieben sich zu ihnen nach vorn.
Mr Mulligan hat es sich nicht nehmen lassen, selbst über den Fahrradklau zu schreiben. Nach einer sachlichen Schilderung, wie die Verhaftung des Diebes abgelaufen ist, kommen ein paar Fakten, die auch die fünf Beteiligten erst jetzt erfahren: Der zweite Fahrraddieb, den Ricky und Jerome ziehen lassen mussten, wurde im Verlauf des Wochenendes gefasst. Bei der Vernehmung hat das Duo gestanden, dass etwa hundert Fahrraddiebstähle im Umkreis von dreißig bis fünfzig Meilen rings um York auf ihr Konto gingen. Sie nahmen für ihre Beutezüge jeweils einen Ort

have read habt gelesen
newspaper Zeitung
put up habe angeschlagen
myself selbst

ins Visier, klauten dort zwei, drei Fahrräder, um sie dann auf Floh- oder Wochenmärkten an anderen Orten zu verkaufen. Das simple Prinzip hat über mehrere Monate funktioniert.

Ganz gegen ihre Gewohnheit haben sie Uptons Rad sowohl in York geklaut als auch auf dem dortigen Markt verkauft. Allein wegen dieser Panne und der Hartnäckigkeit der Kinder ist man den Tätern auf die Schliche gekommen.

Mr Mulligans Artikel endet mit den lobenden Worten eines beteiligten Polizisten: “These children did exactly the right thing: they asked the police for help before the situation **got** dangerous. It's great to have **such** clever children in our city. I **wish** we had more of them."

"Bla bla – before the situation got dangerous", sagt Upton verärgert. "We asked them for help much earlier! They didn't listen! We **had to do** their job for them!"

Durch Uptons Kommentar bekommen alle mit, dass die Helden vom Wochenende am Infobrett stehen. Das Gedränge wird unerträglich. Nur mit Mühe gelingt es Tamara den Aufruf ans Brett zu heften.

"Wow", stößt Ricky hervor, nachdem sie sich in einer ruhigen Ecke des Schulhofs in Sicherheit gebracht haben. "We're famous!"

Helen nickt zufrieden. "School heroes!"

"So, what **next**?", fragt Tamara.

Upton blickt auf seine Uhr. "Geography, I guess. In five minutes."

"That's not what I mean. What are we going to do about the printers?", fragt Tamara.

"**I'd almost forgotten** about them", meint Upton.

---

got wurde
such solche
wish wünschte
had to do mussten machen
next als Nächstes
almost fast
had forgotten hatte vergessen

"Let's **check** them **out**. If we really do find forged money there, we'll be even bigger heroes."
"So we're not going to go to the police?", fragt Timothy vorsichtig.
"Well, they don't listen to us, do they?", sagt Upton.
"The policeman listened to me when I asked him for help", widerspricht ihm Tamara.
"Yes. Because he knew your uncle", sagt Upton.
"We solved the bike case", sagt Helen. "They'll listen to us now."
"Let's **vote**", schlägt Ricky vor. "Who wants to tell the police what I saw at the printer's shop?"
Upton schüttelt langsam, aber fest entschlossen den Kopf. Helen ist dafür. Tamara ebenfalls. Timothy fühlt sich hin- und hergerissen, behält die Hand jedoch unten.
"Two", sagt Ricky. "Who wants us to check the printer's out on our own?"
Außer Helen heben alle die Hand. Auch Tamara.
"You can't vote **twice**", sagt Ricky.
"Yes, I can. I want to tell the police. And I want us to **investigate**, too."

---

check out unter die Lupe nehmen
vote abstimmen
twice zweimal
investigate ermitteln

Da sind es nur noch zwei

Während dieser Woche können die fünf ihren Ruhm genießen. Ihre neue Bekanntheit sorgt sogar dafür, dass sie den Briefkasten des Schulmagazins täglich leeren müssen. Die meiste Post hat allerdings mit ihrer Beteiligung an der Festnahme der Fahrraddiebe zu tun. Die Palette reicht von Gratulation und Lobesworten über einen Autogrammwunsch bis zum Vorwurf, dass sie dumm seien, weil sie sich selbst in Gefahr gebracht hätten. Darüber können sie nur die Köpfe schütteln.

Es sind aber auch richtig gute Gedichte und Kurzgeschichten dabei. Ricky fischt einen Zettel mit Lehrersprüchen aus dem Stapel.

"This one's good", sagt Ricky und liest vor: "Jonathan**'s asleep** on his desk. Teacher to the rest of the **class**: I'm a teacher, not an alarm clock! Here's another one: Teacher, before he **hands out** the results of a test: You may **say your prayers** now." Ricky lacht sich fast schlapp.

"So, what are we going to do next?", fragt Tamara.

"Work on our new case", antwortet Timothy.

---

is asleep schläft
class Klasse
hands out verteilt
say your prayers eure Gebete sprechen

"You mean the printer's?"
"Why not?"
Sie sind sich einig, dass sie den Druckern noch einmal auf den Zahn fühlen wollen. Timothy und Tamara schlagen den nächsten Sonnabend vor. Weil sie an dem Tag sturmfreie Bude haben. Ihre Eltern wollen gemeinsam die Eröffnung einer großen Kunstausstellung besuchen. Tamara und Timothy dürfen zu Hause bleiben.
"Won't they be closed on Saturday?", fragt Upton.
"No, it should be open", antwortet Helen.
Die fünf legen sich für Sonnabend folgenden Plan zurecht: Während Timothy und Tamara als Vertreter des Schulmagazins die Drucker aufsuchen, um abschließend über Druckkosten und Termine zu sprechen, sollen die drei anderen versuchen, unbeobachtet durch den Hintereingang in den Lagerraum zu gelangen und die Geldscheine zu prüfen.
"If you see something **suspicious**, call us", sagt Timothy. "If you find forged money, we call the police. If it's just toy money, we let them print our magazine."
Dagegen hat niemand etwas einzuwenden. Um 11:00 Uhr wollen sie sich vor der Druckerei treffen, um die Sache durchzuziehen.

---

suspicious Verdächtiges

"What?", fragt Timothy, als ihn Helen am Freitagabend anruft und ihm mitteilt, dass Ricky und sie nicht mitkommen werden. "Why not?"
Sie haben sich doch nach der Schule ganz normal verabschiedet. Das ist keine vier Stunden her!
"Ricky's been arrested", antwortet Helen kleinlaut. "They **took** me to the police station, too."
"Why? When?", stammelt Timothy. "What happened?"
"You know Ricky. He always wants to **prove** that he's right", sagt Helen.
"Prove what?"
"We talked about it, remember? You know how he's always saying that all the **CCTV cameras** are useless?"
"That silly **bet was** still **on**?"
"We didn't bet. He just wanted to prove it, so I went with him."
Helen erzählt, dass sie, ausgestattet mit einem kaputten Fahrradschloss und dem Bolzenschneider aus der Werkstatt von Rickys Vater, in die Innenstadt gefahren seien. Dort hätten sie die Räder angeschlossen.

---

took haben mitgenommen
prove beweisen
CCTV (closed circuit television) cameras Überwachungskameras
bet Wette
was on galt

Sie mit einem funktionierenden, Ricky mit dem kaputten Schloss. Danach hat Helen die Straßenseite gewechselt und von dort aus fotografiert, wie Ricky mit dem Bolzenschneider sein Fahrradschloss geknackt hat. Und zwar absichtlich im Kontrollbereich von drei an den Häusern installierten Überwachungskameras.

“So what happened?”, fragt Timothy.

“Some people stopped to watch, but no one said anything”, sagt Helen. “Ricky even asked someone if he would help him cut the lock.”

Der von ihm Angesprochene sei einfach weitergelaufen. Dann sei aber doch jemand stehen geblieben und habe gleich die Polizei angerufen.

Nach Helens Aussage hat es nicht einmal eine Minute gedauert, bis zwei Polizisten kamen und Ricky schnappten. Rickys Erklärung, dass es sich um *sein* Fahrrad handelte und dass er mit der Aktion beweisen wollte, wie sinnlos die Kameraüberwachung war, blieb in dem Moment ungehört.

"When he told them that I was a witness", sagt Helen, "they took me with them, too. Now we**'re grounded**. My parents gave me two weeks. Ricky doesn't know when he**'ll be allowed out**."

"**Bad luck**", sagt Timothy. Er wünscht den beiden alles Gute. Ehe er Upton und Tamara über die Reduzierung ihres Teams informieren kann, klingelt sein Telefon erneut.

"What's up, Upton?"

"**Guess what!**"

"You've been arrested, too?", fragt Timothy gequält.

"What? No! Of course not. Why would I have been arrested? But I **can't make it** tomorrow", sagt Upton. "Jerome and his dad have invited me to go and see the Peacocks!"

"What?"

are grounded haben Hausarrest
will be allowed out raus darf
Bad luck. Pech gehabt.
Guess what! Rate mal!
can't make it schaffe es nicht

"Leeds United! Elland Road **Stadium**! It's going to be great! We have to **leave** really early, though, so I can't make it to the printer's."
"Great! So it's just Tamara and me, then?", erwidert Timothy.
"What about Ricky and Helen?", fragt Upton verwundert.
Nachdem Timothy ihm die Sache kurz erklärt hat, kann sich Upton kaum halten.
"Arrested?", stößt er prustend hervor. "That's crazy, isn't it?"
"Yes", meint Timothy knapp.
"Don't be **angry with** me! It's not my fault! The Mulligans invited me."
Timothys Laune ist erst einmal im Keller. Zu zweit können sie die Nummer kaum durchziehen. Er ruft Tamara an, um die ganze Sache abzublasen.
"Why?", fragt sie. "The two of us can check them out, no problem."
Schon ist Timothys Stimmung wieder im Lot.

---

stadium Stadion
leave losfahren
angry with sauer auf

Unternehmen Spielgeld

Timothy weiß nicht, wie oft er am Sonnabendmorgen seinen Eltern versprochen hat, keinen Unsinn zu treiben. Tamara ist es ebenso ergangen.
Timothy soll sich im Büro als Redakteur der Schulzeitung vorstellen, Grüße von Helen und Ricky ausrichten und sich dann noch einmal nach den Preisen erkundigen. Mit seinen Fragen nach Papierqualität und Papierformaten soll er die Drucker in ein vollkommen normales Gespräch verwickeln und sie ablenken.
Tamara wird sich über den Hinterhof von außen ans Fenster schleichen, um in dem von Ricky beschriebenen Lagerraum nach der Kiste mit den Geldnoten zu sehen.
Timothy soll auf alle Fälle sein Handy bereithalten, damit er Tamara warnen kann, falls die Drucker nach hinten gehen. Die Handyakkus sind frisch geladen und er hat Tamaras Nummer bereits zu Hause gewählt, um sie gegebenenfalls mit Zweimal-Wähltaste-drücken blind warnen zu können. Sobald ihr Vibrationsalarm am Handy losgehen würde, sollte sie die Inspektion abbrechen und schleunigst vom Hinterhof verschwinden, um Timothy bei den Fahrrädern zu treffen. Solange er keinen Warnruf aktiviert, kann Tamara im besten Fall sogar Beweisfotos schießen, ehe sie sich vom Acker macht.

Je nachdem, was sie durchs Fenster gesehen hat, wird Tamara folgendermaßen reagieren: Hat sie im Hinterraum tatsächlich Falschgeld entdeckt, ruft sie Timothy an und teilt ihm mit, dass er möglichst schnell und unauffällig den Abgang machen soll, damit sie umgehend gemeinsam die Polizei verständigen können. Ist nichts Auffälliges zu sehen, spaziert Tamara nach vollbrachter Mission einfach durch die Vordertür ins Büro, um Timothy bei den Verhandlungen über den Druck der Schulzeitung zu unterstützen.

Eine Häuserzeile von der Druckerei entfernt, schließen sie ihre Fahrräder an. Timothy nestelt lange an seinem Schloss herum.

"Are you okay?", fragt Tamara.

"Yes, sure. It's just the lock." Dass er nun doch einen dicken, fetten Kloß in der Magengegend spürt, mag er nicht sagen. Wären sie zu fünft, würde er sich wohler fühlen.

Auch Tamara lächelt unsicher. "It'll be easy, you'll see."

"Sure", antwortet Timothy. "**Piece of cake.**"

Bis sie sich bei der Hofeinfahrt trennen, sagen sie nichts mehr. Timothy bleibt stehen und hält stumm sein Telefon hoch, um Tamara zu zeigen, dass er bereit ist, sie jederzeit zu warnen. Sie hebt die Hand,

---

Piece of cake. Ein Kinderspiel.

sieht sich vorsichtshalber noch einmal um und geht nach hinten. Als er schließlich die Tür zum Büro der Drucker öffnet, rutscht seine schweißnasse Hand fast vom Griff ab. So nervös ist er in seinem Leben noch nicht gewesen.
Doch die zwei jungen Leute im Büro, ein Mann und eine Frau, sind total nett und bieten ihrem jungen Kunden sogar etwas zu trinken an.
Timothy erzählt, welchen Umfang das Schulmagazin haben soll, und dass sie sich noch nicht entschieden haben, ob es ein A4- oder ein A5-Format werden soll. Sie würden sich da gerne auch von den Fachleuten beraten lassen.
Die Drucker schlagen farbige oder schwarz-weiße Varianten vor, sie sprechen über glänzendes oder mattes Umschlagpapier und über Papierstärken.
Timothy bekommt kaum mit, was sie sagen, er tastet in der Hosentasche unauffällig nach seinem Handy. Nebenher versucht er das Gespräch in Gang zu halten. "What kind of things do you usually print?"
"Business cards, postcards", antwortet die Frau. Mit einem Augenzwinkern fügt sie noch hinzu: "And money."
Timothy kann fühlen, wie ihm die Röte ins Gesicht schießt.
Zum Glück wird die Frau im selben Moment abgelenkt. Zum Glück? Nein – Katastrophe!

"**What the hell** are you doing here?", hört Timothy jemanden im hinteren Gebäudeteil lauthals rufen. Er drückt zweimal die Wähltaste. Tamara muss auf der Stelle verschwinden.
Der junge Mann ist bereits an der Tür, mit kurzer Verzögerung springt auch die Frau vom Stuhl und läuft hinter ihm her.
Während Timothy zum Vordereingang stürzt, hört er schnelle Schritte im Flur und die tiefe Bassstimme, die noch immer fluchend durchs Haus dröhnt. Die Drucker sind also mindestens zu dritt.
Mit der Hand am Türgriff lauscht Timothy Richtung Flur. Was geht da hinten vor sich? Plötzlich hört er Geräusche aus seinem Handy!

Tamara hat seinen Warnruf angenommen, damit er mithören kann, was passiert.
Timothy hört gedämpfte Stimmen.
"**What are you doing snooping around** the **yard?**", bellt der Männerbass bedrohlich.
"Sorry, **I got lost**", antwortet Tamara unter raschelnden Nebengeräuschen.

---

what the hell was zum Teufel
What are you doing snooping around? Was schnüffelst du herum?
yard Hof
I got lost. Ich habe mich verlaufen.

"Lost? On **private property**?", dröhnt der Mann. "Hey – what are you hiding behind your back?"
Timothy denkt sofort an Tamaras Telefon. Hält sie es hinter ihrem Rücken versteckt?
"I don't believe it!", ruft der junge Mann. "She's stealing our money!"
"**Shit!**", hört Timothy den Bass. "Who **left** the window **open**?"
Offenbar hat Tamara tatsächlich das Risiko auf sich genommen und sich durch ein offenes Fenster eine Banknote gegriffen.
"Run!", brüllt Tamara.
Obwohl er bis zu diesem Moment wie erstarrt gewartet hat, braucht Timothy keine zweite Aufforderung. Er reißt die Tür auf, stürzt nach draußen und sprintet durch die enge Straße bis zur nächsten Ecke. Dort springt er mit einem kühnen Satz über die nächstbeste Gartenmauer und versteckt sich in einem Vorgarten hinter Sträuchern. Er ist hier erst mal halbwegs sicher. Doch was ist mit Tamara? Timothy presst das Handy ans Ohr.
Die Qualität der Übertragung lässt zu wünschen übrig. Vermutlich steckt Tamaras Telefon in ihrer Tasche. Er hört Schritte.

---

private property Privatgelände
Shit! Scheiße!
left open hat offengelassen

"**Get** the car", befiehlt der Typ mit der Bassstimme. "We're leaving."
"But we're much too early. We'll have to wait for hours. We aren't supposed to be there until quarter past six", hört Timothy die Frau.
"Well, we can't stay here, can we?"
"What are we going to do with her?", fragt die Frau.
Timothy hält den Atem an. Eine viel zu lange Pause entsteht.
"We have to take her with us. She'll call the police. We**'ll let** her **go** as soon as we're **safe**."
Obwohl diese Aussage nur zur Hälfte positiv ist, atmet Timothy auf. Sie scheinen nicht vorzuhaben, ihr etwas anzutun. Trotzdem möchte er jetzt nicht in Tamaras Haut stecken. Allein mit diesen Verbrechern!
Aus dem Telefon dringt im Moment nur diffuses Rascheln.
Warum reden die nichts mehr? Wo steckt der junge Typ? Ist er Timothy auf den Fersen?
Ohne das Handy vom Ohr zu nehmen, linst Timothy vorsichtig über die Mauer.
Wenn Timothy die Polizei rufen will, muss er die

---

get holt
will let go werden freilassen
safe in Sicherheit

Verbindung unterbrechen. Was aber, wenn er dann wichtige Informationen verpasst?

Nach zwei, drei weiteren endlos scheinenden Minuten wagt sich Timothy aus seinem Versteck. Hinter geparkten Autos, Mülltonnen und Bäumen sucht er Deckung und schleicht zurück zur Druckerei. Übers Handy hört er ein Auto heranfahren. Knappe Befehle. "**Load up** the car. Put her **in the back**."

Klappernde Autotüren.

Unbeobachtet pirscht sich Timothy um das Gebäude herum und über einen benachbarten Hinterhof an den Grundstückszaun. Mittlerweile ist er so nah, dass er die Drucker sowohl übers Handy als auch direkt hören kann.

---

load up beladet
in the back nach hinten

"Have you told Ian?", fragt der Bass.
"**Not yet**. I think he's watching the Peacocks", antwortet die Frau.
Wie es scheint, sind heute alle im Stadion, um Leeds United anzufeuern ... Überhaupt! Stadion! Plötzlich weiß Timothy, was er zu tun hat: Er muss Upton anrufen und Jeromes Vater informieren.
Auch wenn sich Mr Mulligan vor einiger Zeit mit seinem kritischen Artikel bei der Polizei unbeliebt gemacht hat, kennt er garantiert genug Leute dort, die sofort reagieren würden, wenn er ihnen von der Entführung berichtete.
Timothy linst durch einen Spalt im Bretterzaun auf den Hof der Druckerei und sieht die beiden, die er schon kennt, und einen Schrank von einem Kerl. Das muss der Typ mit der dröhnenden Stimme sein. Schemenhaft kann Timothy durch die getönten Autoscheiben Tamara auf der Rückbank des schwarzen Kombis ausmachen. Sie wirkt vollkommen erstarrt. Ob sie ihr Fesseln angelegt haben?
"Get in the car", bellt der Schrank. "I'm sure that other **brat** has called the police already."
Sie steigen ein, der Motor startet. Timothy presst die Wange an den Zaun, um das Autokennzeichen zu erkennen. Tatsächlich ist der Blickwinkel im letzten

not yet noch nicht
brat Gör

Moment, bevor sie vom Hof fahren, so günstig, dass er es ablesen kann.
“Yes!”, stößt er triumphierend hervor.
“What do you mean?”, hört Timothy den jungen Drucker fragen.
“Huh? What do you mean, what do I mean?”, fragt die Frau zurück.
“You said ‘Yes!’”
“What are you talking about?”, fragt die Frau. “I didn’t say anything!”
“Yes, you did!”
“Will you both shut up!”, bellt der Schrank.
Danach hört Timothy nur noch Fahrgeräusche. Glück gehabt.
Aber was nun? Er muss sofort die Polizei einschalten! Timothy will gerade die Verbindung zu Tamaras Handy kappen, um die 999 zu wählen, als er ihre Stimme hört.
“Where are you going?”
Timothy lauscht konzentriert. Keine Antwort. Nur Fahrgeräusche.
“Are you going to Leeds?”, fragt Tamara.
Diesmal verkneift sich Timothy ein weiteres triumphierendes “YES!”. Obwohl Tamara dieses Lob absolut verdient hätte. Sie ist ja so was von clever. Timothy ist sicher, dass sie diese Fragen nur stellt, um ihm Hinweise zu geben, in welcher Richtung sie unterwegs sind.

"Will you let me go when we get there?"
"Shut up, I said!", bellt der Schrank.
"**Calm down**, **for god's sake**. She's just a little girl", versucht die Frau ihn zu besänftigen. "Don't worry, love. You'll be **free** as soon as we're in the **air**."
"Thanks", sagt Tamara, für Timothy gerade noch hörbar.
In the air! – Ein eindeutiger Hinweis auf den Flughafen! Diese Information kann Gold wert sein!
Timothy wischt den bangen Gedanken, dass er den Kontakt zu Tamara nicht wieder herstellen kann, beiseite und drückt die rote Taste. Damit hat er die Verbindung zu ihr endgültig gekappt. Es sei denn, er nimmt später das Risiko in Kauf, dass die Drucker einen erneuten Anruf von ihm mitbekommen und Tamara das Telefon wegnehmen …
Welche Nummer soll er jetzt zuerst wählen? Die der Polizei? Oder Uptons, um Mr Mulligan als Vermittler einzuschalten?
Timothy entscheidet sich für die zweite Option. Das Rufsignal ertönt. Einmal. Zweimal. Dreimal.
"Come on! Upton! Answer!", raunt Timothy. Dann gibt er auf und wählt dreimal die Neun.

Calm down. Beruhige dich.
for God's sake um Gottes Willen
free frei
air Luft

Überraschung

Bei der Polizei muss es Timothy nur einmal klingeln lassen. Eine freundliche, klare Frauenstimme nimmt seinen Anruf entgegen. Sie fragt nach seinem Namen und dem Grund seines Notrufs.
Hastig berichtet Timothy zunächst von der Entdeckung des Falschgelds in der Druckerei, von Tamaras Entführung und dem schwarzen Kombi, der sich vermutlich auf dem Weg nach Leeds befindet.
Weil er sich vor Aufregung ständig verhaspelt und nicht weiß, in welcher Reihenfolge er am besten erzählen soll, unterbricht ihn die Polizistin und redet beruhigend auf ihn ein.
"It's **all right**, Timothy. We're going to find your friend and help her, okay?"
"Yes, thanks." Timothy atmet tief durch.
"Where are you **right now**?"
Er gibt die Adresse der Druckerei durch.
"You said you had the **number plate**?"
Er nennt die Nummer. "YR45 YSU."
"And you heard where they were going?"
"To Leeds. To the **airport**, I think."

---

all right in Ordnung
right now jetzt gerade
number plate Nummernschild
airport Flughafen

"How many people are in this car?"
"Three of the printers and Tamara. They took her with them."
"Okay, Timothy. You've done very well. Stay where you are. In a couple of minutes you'll be **picked up** by a police car."
"Okay, thanks. I'll wait in front of the printer's."
Während er nach dem Polizeiauto Ausschau hält, versucht er es noch einmal bei Upton. Erneut ohne Erfolg. Soll er es doch noch einmal bei Tamara probieren?
Da er im selben Moment eine Sirene hört und Sekunden später das Polizeiauto mit blinkenden Lichtern um die Ecke biegt, lässt er den Gedanken an einen weiteren Anruf bei Tamara erst einmal fallen.
Die Polizisten, die gekommen sind um ihn abzuholen, sind ebenfalls sehr freundlich. Wie die Kollegin am Telefon stellen sie jede Menge Fragen und sie scheinen jede seiner Antworten ernst zu nehmen.
Durch den Funkverkehr im Fahrzeug bekommt Timothy mit, dass die Fahndung nach dem schwarzen Kombi mit dem von ihm genannten Kennzeichen eingeleitet ist. Alle Streifen in und um York und in Richtung Leeds sind informiert.
Die Polizisten setzen ihn an der Polizeistation ab. Timothy wird von einer Polizistin und einer Frau von der Jugendhilfe in Empfang genommen. Sie stellen sich

---

picked up abgeholt

als Mrs Walker und Mrs Morris vor. Timothy folgt ihnen in einen karg eingerichteten Gesprächsraum. An einer Wand befindet sich ein großer Spiegel. Ob man von der anderen Seite hereinsehen kann wie bei den Krimis im Fernsehen?
Auf jede Einzelheit achtend, sprechen die Frauen seine Angaben mit ihm durch und notieren seine Personenbeschreibungen.
Timothy merkt schnell, dass er in der Aufregung kaum Details behalten hat. Zwischendurch schaut er häufig auf die Uhr. Tamara befindet sich inzwischen schon über eine Stunde in der Gewalt der Drucker.
"Don't worry", versucht die Polizistin ihn zu beruhigen. "We're going to find her."
Kaum hat sich Timothy für ihre ermutigenden Worte bedankt, summt sein Handy. Uptons Name erscheint im Display.
"Sorry, can I **take** this **call**? It's a friend who needs to know what's going on."
"Okay, but keep it short. We still have a couple of questions."
"Timothy, old man!", brüllt Upton gegen den Lärm im Fußballstadion an. "We**'re** three-**nil ahead** with

take entgegennehmen
call Anruf
nil null
are ahead führen

five minutes **to go**. Sorry I didn't take your call. Didn't check my phone! The game is brilliant. You called twice; was it important?"

"The printers **have kidnapped** Tamara. They're **on their way** to Leeds", antwortet Timothy und gibt ihm eine Kurzfassung der jüngsten Ereignisse.

"Is she okay?", fragt Upton.

"I don't know."

"Can I help?"

"I thought maybe Mr Mulligan could help with the police. I thought no one would believe me. But this time they've been great. I have to **hang up** now, though. They still have some questions for me."

"Okay. Call me as soon as you hear anything, won't you?"

"Sure. You'll be the first to get the news."

"Thanks", bedankt sich Timothy für die Geduld der Frauen, die schweigend zugehört haben. Schon summt sein Handy erneut. "It's Tamara", flüstert er.

"Take it", sagt die Polizistin. "Be as normal as you can."

Timothy muss tief durchatmen, bevor er sich traut,

---

to go *hier:* zu spielen
have kidnapped haben entführt
on their way unterwegs
hang up auflegen

das Gespräch anzunehmen. Er drückt die Taste mit dem kleinen grünen Hörer. Im letzten Moment entscheidet er sich, zunächst nur zu lauschen. Als ihn die Frauen fragend ansehen, hält er verschwörerisch den Zeigefinger an die Lippen.
Es ist tatsächlich so, wie er vermutet hat: Kein Piep von Tamara. Das kann nur bedeuten, dass sie die Verbindung zu ihm heimlich hergestellt hat.
Timothy drückt die Freisprechtaste und legt sein Handy vorsichtig auf den Tisch. Alle rücken näher heran und versuchen die Geräusche zu entschlüsseln. Das Auto scheint still zu stehen. Im Hintergrund hören sie schnell fließenden Verkehr. Eine Autobahn? Dann ein seltsames monotones Brummen, das lauter und lauter wird.
"That could be a plane", flüstert die Polizistin. Nach einem Blick auf die Uhr wiegt sie den Kopf. "They could be at Leeds Bradford International Airport by now."
Das Motorengeräusch wird wieder leiser und verliert sich in der Ferne.
Timothy nimmt einen Stift und notiert auf dem Papier die Frage, ob man Tamaras Handy nicht ganz einfach orten kann.
"It'll take too long", flüstert die Polizistin und fügt mit einem Lächeln hinzu: "Don't worry. She'll be safe before we get there."
"Where are we?", hören sie Tamaras Stimme.

"Not **far** from the airport", antwortet die Frau.
"Shut up!", fährt der Schrank sie an. Es scheint ihm nicht recht zu sein, dass sie Ortsangaben macht.
"Oh, come on, we're safe now. We could just leave her", versucht es die Frau weiter auf die sanfte Tour.
"It's still two hours before they **get** here", sagt der junge Mann.
"I need the toilet", sagt Tamara leise.
"Come on. **I'll take** you", sagt die Frau.
"Are you crazy?", schnauzt der Schrank.
Die Frau lässt sich offensichtlich nicht einschüchtern.
"Let's go", hört man sie sagen. Es folgt das Schlagen von Autotüren, dann wieder sehr viel Rascheln.

"I think I know where they are", flüstert Mrs Walker und erhebt sich geräuschlos. "There's a **rest area** on the **motorway** not far from the airport. Your friend is doing great." Sie schleicht sich aus dem Raum.
Timothy blickt fragend auf Mrs Morris.
"She's telling her colleagues. I guess they're not far **away**."
Timothy hält es kaum aus vor Spannung.

---

far weit
get ankommen
will take werde hinbringen
rest area Rastplatz
motorway Autobahn
away entfernt

“**Finished?**”, hören sie die Frau rufen.
Tamara scheint allein in einer Kabine zu sein. Timothy hofft, dass sie abgeschlossen hat und einfach nicht mehr rauskommt, bis die Geldfälscher abhauen.
“Just a minute!”, antwortet Tamara und drückt die Klospülung. Sie nutzt das laute Geräusch, um ins Telefon zu flüstern, wo sie sich befinden. Die Polizistin hatte recht. Sie stehen auf einem Rastplatz nicht weit vom Flugplatz entfernt.
“We’ve got it”, flüstert Timothy. “Stay where you are! The police are on their way!”
Erneut lautes Rascheln. Tamara antwortet nicht.
Plötzlich quietschende Reifen.
“What the hell is that?”, ruft die junge Frau.
Hastige Schritte. Eine schwere Tür schlägt zu.
“Police!”, dröhnt es über einen Lautsprecher.
Schließlich wieder Tamara: “I**’ve locked** myself **in** the toilet. The woman**’s gone** outside. Timothy! Say something! Are you there?”
“Yes, I am! Are you all right? What’s going on?”
“I don’t know yet. I**’m frightened**!”
Schon wieder geht eine Tür.

Finished? Fertig?
have locked in habe eingesperrt
has gone ist gegangen
am frightened habe Angst

"Tamara? Where are you?", ruft eine Frau. Es ist nicht die Druckerin! "I'm Police Officer Rooney. Everything's all right! You're safe!"
"Oh my god! Thank you! Thank you!", sprudelt es aus Tamara heraus. Man hört noch, wie sie die Kabinentür öffnet, dann beginnt sie hemmungslos zu schluchzen.
"It's okay. You're safe now", redet die Polizistin beruhigend auf Tamara ein. "You've been very **brave**. **Thanks to** you we've got all three of them."
Tamaras Schluchzer wollen trotzdem nicht aufhören.
"Hello?", fragt Mrs Rooney in Tamaras Telefon. "Timothy? Are you still there?"
Gut fünfzig Meilen entfernt, aber doch unmittelbar dabei, wischt Timothy seine Tränen aus dem Gesicht und nimmt das Handy vom Tisch. "Yes, I am. How's Tamara? Is she okay?"
"A bit **shaky**, but she's all right. **I'll take care of** her."

---

brave tapfer
thanks to dank
shaky zittrig
will take care of ... werde auf ... aufpassen

Belohnungen

Als Timothy erfährt, dass Tamara wohlbehalten in Mr Mulligans Auto sitzt, spürt er, wie die Anspannung endlich ganz von ihm abfällt.

Upton hat Jeromes Vater noch im Stadion alles erzählt. Mr Mulligan hat es sich nicht nehmen lassen, Tamara in Leeds abzuholen, um sie sicher nach York zu bringen. In der dortigen Polizeistation schließt Timothy Tamara fest in die Arme. Ehe sie von ihren Eltern in Empfang genommen wird, erzählt sie ihm noch schnell, dass sie auf der Rückfahrt mit Upton, Jerome und seinem Vater verabredet hat, niemandem zu verraten, wie lange sie die Drucker schon in Verdacht hatten.

So kommt es, dass in der Montagsausgabe der Zeitung mit Timothy und Tamara lediglich zwei Kinder mit Lorbeeren überschüttet werden. Ohne ihre Hilfe, hebt Mr Mulligan in seinem Artikel hervor, wäre die Polizei den Geldfälschern sicher nicht so schnell auf

die Schliche gekommen. Wie sich bei der Durchsuchung der Räume herausgestellt hat, ist die auf den ersten Blick unscheinbar wirkende Druckerei mit allerneuester Technik ausgestattet. Die sichergestellten Blüten wären von Laien kaum von echtem Geld zu unterscheiden gewesen. Dass auch Ricky, Helen und Upton in die Sache verwickelt waren, verschweigt Mr Mulligan seinen Leserinnen und Lesern.
Während Upton es schade findet, dass er nicht mit auf der Titelseite steht, sind Helen und Ricky froh, dass ihre Namen unerwähnt bleiben. Es ist besser, ihre Eltern wissen von nichts. Sonst kommen sie am Ende noch auf die Idee, die Dauer des Hausarrests zu verlängern.
Auch Timothy will seine Eltern lieber in dem Glauben lassen, dass er und Tamara rein zufällig in diese brenzlige Situation geraten sind.
Der Schock war auch so für alle noch groß genug. Um so erfreulicher ist die Belohnung, die Tamara und Timothy von der Stadt York erhalten: 500 Pfund! Ganz allein zu ihrer Verfügung.

"What will you **spend** the money **on**?", fragt Helen beim nächsten Redaktionstreffen.
"**We have**n't **decided** yet", antwortet Timothy.

---

will spend on … für … ausgeben
we have decided wir haben uns entschieden

Ricky zuckt mit den Schultern. "I'd know."
Tamara und Timothy werfen sich verschwörerische Blicke zu.
Ricky grinst. "So it *is* love!"
Timothy und Tamara verdrehen die Augen. Sie müssen ja nicht an die große Glocke hängen, dass sie Jerome beim Kauf eines neuen Fahrrads unter die Arme greifen wollen. Und was dann noch übrig bleibt – mal sehen.
"Can we work on the magazine now?", fragt Mr Stevens.
"Sure." Timothy zeigt stolz auf die Post dieser Woche. "We've got **loads of** letters. Enough to **fill** two magazines."
"So now we just have to find a printer", bemerkt Mr Stevens, zum ersten Mal gut gelaunt.
"No", antwortet Upton knapp.
Schon guckt der Lehrer wieder skeptisch. "Why not?"
"Because Mr Mulligan's newspaper is going to print our *Schoolyard Magazine* **for free**!"

loads of massenhaft
fill füllen
for free kostenlos

Criminal Crosswords

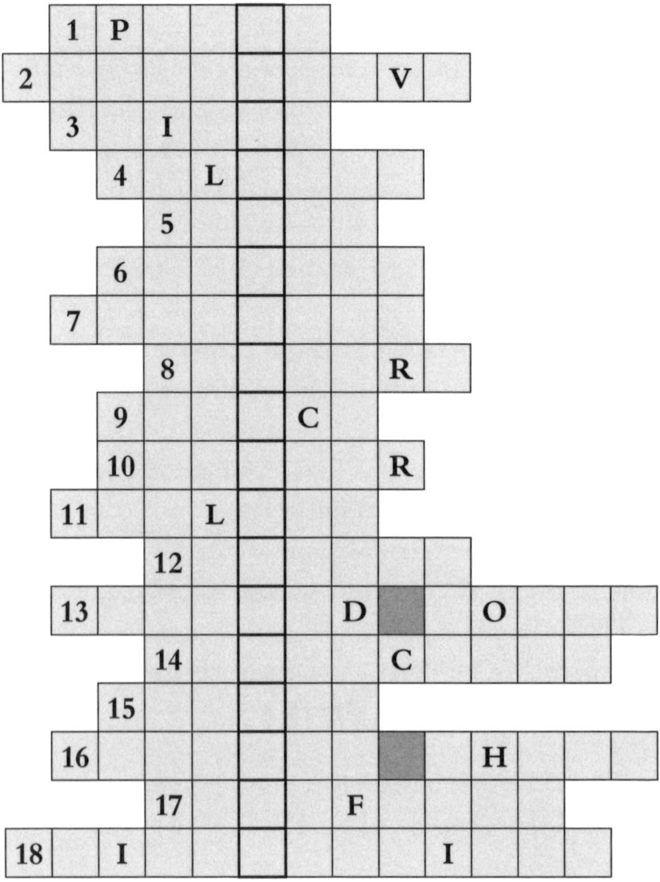

---

criminal kriminelle

1. **Pickpockets** steal them.
2. Person who arrests thieves.
3. Thieves don't like the **daylight**. They **prefer** the _ _ _ _ _.
4. Thieves wear them on their hands to **avoid** 18.
5. Our **home town** is _ _ _ _.
6. If you do something wrong the _ _ _ _ _ _ can arrest you.
7. Was stolen in our first case. Upton's _ _ _ _ _ _ _ _.
8. You take photos with your mobile phone or a _ _ _ _ _ _ _.
9. Not only thieves use it in the **dark**.
10. If you **break in** through a window on the second floor you need a _ _ _ _ _ _ _.
11. Second name of Sherlock.
12. Agatha Christie's most famous female detective.
13. **Illegally** printed money.
14. Policemen use them to arrest thieves.

---

pickpockets Taschendiebe
daylight Tageslicht
prefer bevorzugen
avoid vermeiden
home town Heimatstadt
dark Dunkelheit
break in einbrichst
illegally illegal

15. It's **round**, and you eat it. It comes from the land of the Mafia.
16. Timothy and Tamara used it **to keep in contact**.
17. Policemen and pupils wear them.
18. Thieves wear No 4 to make no _ _ _ _ _ _ _ _ _ _ _ _ _.

---

round rund
to keep in contact um in Verbindung zu bleiben
torch Taschenlampe
fingerprints Fingerabdrücke